[美]斯科特·托德内姆（Scott Todnem）| 著　[英]安詹·萨卡尔（Anjan Sarkar）| 插画　牛斐斐 | 译

男孩青春期
成长指南

上海社会科学院出版社
SHANGHAI ACADEMY OF SOCIAL SCIENCES PRESS

献给我的孩子、家人，以及所有给予我充分信任、愿意让我在他们青春期伟大航程中担任"共同船长"的学生们。

前 言 ... i

第 1 章　充满变化的青春期 ...1
青春期和青少年时期 ... 2
身体的发育与变化 ... 10

第 2 章　身体的变化 ...19
身高与体重 ... 20
保持身体各部位的清洁 ... 28

第 3 章　像个大人 ...45
胡子该剃掉还是留着？... 46
胸毛和其他胸部变化 ... 51
嗓音变化 ... 57

第 4 章　肚脐以下 ...63
私密处的毛发 ... 65
生殖器官的变化 ... 67

第 5 章　给身体加点燃料 ...81
　　　　营养 ... 82
　　　　运动 ... 90
　　　　睡眠 ... 95

第 6 章　情感及友情 ...103
　　　　情绪波动及其他问题 ... 104
　　　　流水般的友情 ... 111
　　　　不只是朋友 ... 115

第 7 章　家与其他安全港湾 ...121
　　　　找到友善的耳朵 ... 122
　　　　你有隐私权 ... 124
　　　　同辈压力 ... 127
　　　　在社交媒体上保持安全和理智 ... 129

结　语 ...134
词汇表 ...136
资源介绍 ...140
致　谢 ...146
作者简介 ...148

前 言

驾驭生活之船并非易事。当你试图平稳航行时,一波又一波的问题却如潮水涌来——朋友关系、家庭关系、学校事务、个人健康,个个都需要你花费时间和精力去打理。这令你——生活之船的船长,不知道自己能否在未知的水域破浪前行。生活中各种需要优先处理的事项像洋流一样将你拖向不同的方向——有些令人愉悦,有些则极具挑战。

你是掌舵人，在即将到来的青春期，需要驾驶航船穿越生理和情感的风暴，处理好你的功课、兴趣爱好、家务以及社交生活。天啊！这不由得让人倒抽一口凉气！

好了，别让我们的思绪飘得太远。生活并不是一段电影预告片，因此也不会有深沉的旁白声音叙述男孩的青春期，比如："这世界瞬息万变。一个男孩必须穿越青春期的滚滚浪潮，才能成长为男人。"这听上去是不是有点奇怪？不过也可能有点酷。不论怎样，都让我们回到现实生活中吧。

关于成长，你所要知道的第一件事就是，你并不需要把它完全弄清楚、搞明白。你可以一边经历，一边学习。即便在年纪增长、身上责任更重的时候，你也不要因为并非一切都在自己掌握之中而担心焦虑。只要去面对它：没有船长会提前知道航行中的所有细节。事实上，生活充满挑战、变化和未知，并因此变得精彩纷呈。如果你被生活中的某件事情压得喘不过气来，这时一定要保持信心，要坚信所有困难都只是暂时的。想想你正经历的一切美好的事情，这些事情是青春期无法改变的。青春期会改变你，但它无法改变一个事实，那就是在这段日子里你仍将保持健康和快乐。

我之所以知道这些是因为我是一名健康保健老师。每年，我都会和数百名学生一起，帮助他们应对这段从儿童向成人过渡的时期。我为处于青春期的中学生提供正确资讯、有效资源，并与他们沟通交流（你可能会发现我有点爱开玩笑，我甚至可能会叫你哥们），从而成功地帮助他们解决各种各样的问题。此外，我想我还有一个本事，那就是认真倾听并理解孩子们所经历的事情。在课堂上，我们有很多乐趣，因为健康和保健知识与每个学生都息息相关。我猜想这也是你拿起这本书的原因——书上所有内容都与你密切相关。这是明智之举，我的朋友！

你会发现，自始至终都有一个主题贯穿本书的各个话题，这个主题即"知识就是力量"。了解身体会发生的变化，你会发觉原来青春期也没那么糟糕。实际上，它真的挺令人兴奋的，因为进入青春期意味着你正在长大。从儿童向成人过渡的这段时间，如果你能拥有十足的自信、充分肯定与欣赏自己，那我们就完全可以说这是一次"了不起的成长"。我确信你知道"尊重"的概念，但你知道尊重是首先要从自己开始吗？自我尊重意味着你为自己感到骄傲，你能肯定自身的价值。自我尊重会延伸到生活中的方方面面，比如身体健康以及社会关系。"了不起的成长"意味着自我尊重，同时也意味着尊重他人。显而易见，世界上没有两个完全相同的人。即使人与人之间有相似之处，每个人的思想、感情和行为也都不尽相同。每个人的身体也是独一无二的，因此每个人的成长过程绝不相同。尊重自己和他人，才是一个真正的成年人。(是的，即使那个成年人经常说"哥们"。)

当我们一起谈论某些棘手的话题时，你可能觉得自己还有很多疑问需要解答。我希望这本书能够为你搭建一座沟通的桥梁，以便你和父母或者监护人进行交流。你要谨慎使用互联网进行内容搜索。很有可能你已经见识过网络搜索是怎么回事了——有些弹出来的网站内容难以理解，有些图片或视频并不那么适宜观看，更糟的是，有些从网上得来的信息根本就不正确。后续，我会介绍一些对你有帮助的网站，这样你就不会迷失在如深海般的网络世界里。读完这本书，你可以咨询值得信赖的成年人或医生，从他们那里获取更多你需要了解的信息。毕竟，成年人也不过是长大了的孩子。(我们中的一些人可能看着高大，但内心其实还是个小孩子，不过我就不一一点名了。)

在书中，我们将首先讨论一些有关青春期的基础知识，比如：什么是青春期，以及身体发育过程中会有哪些变化。然后，我们将探讨一些男孩身体发育的细节，我们会先从小的变化说起，比如身高、体重、毛发的增长。接下来，我们会谈到一些更大的变化，比如情绪波动、饮食、锻炼以及生殖器官的变化。(天啊，那下面究竟发生了什么？)所有这些内容都会在健康和保健这个框架下讨论，我们会重点关注如何保持良好的卫生习惯、管理自我情绪以及保护隐私。哦，内容可真不少，不过你值得拥有这一切。此外，书后附有词汇表，可以帮你了解一些新的术语。

通过这些内容，我想让你确信一点：你一定能行。作为你虚拟的"共同船长"，我绝不会误导你。假以时日，再加上这本书的帮助，你一定可以顺利度过青春期。把这本书当作你的向导或是一张航海图，在青春期的航行中乘风破浪吧！嗨，嗨，船长？来吧，登船吧，这将是一趟非常值得的旅程。

第 1 章
充满变化的青春期

从儿童成长为少年,或许你已经觉察到了自己发生的一些变化,或许你知道有些变化即将发生但并不太清楚那究竟是什么。可能你身边的其他人注意到你身体的变化,并为你挑选了这本书,跟他们行个"碰拳礼"吧,他们是如此在乎你!无论是何种机缘巧合,你现在都拿起了这本书想要获得一些信息。让我们一起来了解青春期的真相吧。说实话,你的朋友们并不是万事通,即便他们装作无所不知。在本章,我们先不去假设哪些事情你知道或不知道,而是首先阐述关于青春期的一些基础知识。准备好了,可能在本章乃至整本书里都会有些词把你逗得咯咯笑,尽管笑出声吧,这完全没有问题。不过我们也会始终坚持使用正确和合适的术语,以便你能掌握青春期的客观事实。记住:知识就是力量。接下来,就让我们深入了解一下这些基础知识吧。

青春期和青少年时期

　　人人都会经历青春期,然而人们并不经常谈论它。由于这样或那样的原因,人们有时会羞于谈论他们变化的身体。这或许是因为,从许多方面来看,青春期都是极其个人与私密的经历,又或许是人们害怕在谈论青春期这一话题时会说错话，或是显得很傻。你知道的，没人喜欢让自己陷入尴尬的境地。在某些情况下，谈论青春期可能会被认为是没规矩、不恰当，或者是有点肮脏的。好吧，这些并不是事实，青春期本身并没有错，它既不肮脏也不怪异。它可能会让人感觉有点尴尬，但以开放、坦诚的方式谈论青春期的话题可以帮助我们缓解尴尬（就像我们在这本书里做的这样。这样做很酷，不是吗？）。如果没有青春期，我们就不会长大，也无法生育后代。生育是生命个体产生后代或更多同类的过程。简单地说，没有生育，就没有人类！如你所见，青春期是生命中正常且必要的一部分。

什么是青春期[1]？

青春期是一个人从儿童发展为成人的过渡时期。这一时期，人的身体会快速发育，性器官逐渐成熟，并且具备生育能力。对男孩来说，这意味着他们开始看起来、听起来更像男人。原因既简单又复杂。简单地说，这个过程意味着大脑只是在做它分内的事——大脑会告诉身体的其他部分产生特定的化学物质，也就是荷尔蒙，以促进身体的

---

[1] 青春期的英文为puberty。——译者注

发育成熟。其中一种荷尔蒙叫作睾酮,它主导着男孩青春期的绝大多数变化。睾酮在睾丸中产生,并决定着男性特征,比如体毛、肌肉和更加深沉的嗓音。

当然,详细的解释是比较复杂的,因为青春期不仅仅是睾酮在起作用,体内的各种荷尔蒙需要达到特定的平衡才能起到恰当的效果。解读身体如何工作的这门科学简直是高深莫测。你可能会在学校里学到更多的知识——尤其是当你接触到像生物这门更高级的课程时。现在,你只要知道青春期是大脑和身体各司其职就足够了。所以,擦掉额头上的汗水吧,我可不要求你写什么读书报告。

什么是青少年时期[2]?

青少年时期是指从青春期初始到长大成人的这段时期。有时,青春期和青少年时期这两个术语常常同时出现。但青少年时期一般指的不仅仅是一个人在身体方面的发育成长,还包括他的社会性发展和情感发展。青少年时期是一个过渡期,身体在这一时期为我们今后的人生做准备工作,而青春期则是这个准备期中的一部分。你会看到这两个术

---

2 青少年时期的英文为adolescence。——译者注

语在接下来的内容里反复出现。

穿上你的专属基因服

我们来上一堂科学速成课吧！男孩在青春期将经历一系列变化，基因是这些变化的主导因素。基因，是指从亲生父母那里继承的特征（不，不是"牛仔裤"，是它的谐音词，基因！[3]）。你可能已经知道一个类似的术语，就是遗传——从父母到子女的性状传递。打个比方，基因类似代

---

[3] 牛仔裤的英文为jeans，基因的英文为genes，二者谐音。——译者注

码，父母生你的过程就如同写代码、编程序！我们从父母那里继承了基因，这些基因以一种独特的方式配对在一起，为身体绘制了一张生命路线图，以便它能够成长、存活。你还会听到染色体和DNA（脱氧核糖核酸）等术语，这些术语描述了一个人的微观构成。这听起来可能有点复杂，但绝对值得一提。基因位于染色体上，染色体的主要成分为DNA。事实上，基因会发出一系列指令，而这些指令在你出生之前，从未在世界历史长河中出现过。你完全是独一无二的！穿上你的专属基因服，骄傲地昂首向前吧！因为从未有人成为你，也不会有别人成为你。

从下文开始，"父母"一词还将包括监护人，因为各个家庭不尽相同。除非我特别提醒你注意是亲生父母，否则"父母"这个词将包含所有的照料者。

我该期待什么变化？

你应该可以预料到，你的基因与亲生父母的基因有相似之处。也就是说，你的长相甚至行为都会与你的亲生父母类似。但是由于成长环境的不同，你会成为一个与父母完全不同的人。你的成长，一部分源于"先天"，一部分源于"养育"。"先天"是指我们与生俱来的部分，基因，你还记得吗？而一个孩子被"养育"，是指在他成长的过程中，得到监护人的照顾。我们养育年幼的孩子，需要为他的身体健康（为孩子提供食物、住所，保障他的人身安全）、心理健康（帮助孩子在情感、智力方面健康发展，教授他生活经验），以及社交健康（帮助孩子学习与家人、朋友以及其他社会群体和睦相处）提供保障。

基因决定了你的一部分特性是与生俱来的，这些特性是你生长发育的基础，但这并不意味着你的未来已经确定了。基因代码只是为你的生长发育提供了一个大体框架，并非一切都已经定型，你的选择和行为将决定你能否在青少年时期保持健康。不过，在你的成长过程中的确存在一些变量。你可以想象自己是一颗植物种子，肥沃的土壤和安全的环境可能已经存在了，不过雨水和阳光也会对种子的成长产生影响，而每天的雨量和日照时间都不一样。相似的，虽然你的基因已经为你设定了生长发育的路线图，但是你的青春期何时开始、你又会发生哪些改变，可能都会和你的同龄人、兄弟姐妹，以及父母有所差异。

基本上，你可以预见到在青春期你的身体会长高、体重会增加；胳肢窝、面部和私处将长出体毛；生殖器官，也就是阴茎和睾丸，会变大；肌肉会变得发达，而嗓音会变得低沉，脸上会冒出青春痘。你还可以预见你的情绪会发生波动，体力会发生变化，甚至可能对其他人产生了吸引力。你在某些方面像个大人了，但有些方面依旧是个孩子。通常，有些男孩发育较早，在9岁就会出现某些变化，有些男孩则较晚，要到14岁才开始发育。有些男孩在16岁就发育完成，有些要到20岁出头才发育完成。你最好不要期待在某个年龄段发生某个具体的变化，因为对每个男孩而言，变化的量和变化发生的顺序都与其他人不同。我们会在后续章节详细讨论各类变化。

这正常吗？

对所有进入青春期的人而言，他们最常提出的一个问题就是"我正常吗？"。这是个很切实的关注点，说明我们每个人都需要找到归属感，也是人的基本需求。我们希望知道自己所经历的一切都是正常的，我们不喜欢和别人不一样，不喜欢那种孤零零的感觉，特别是在经历青春期身体变化的时候。首先，青春期发生的几乎所有事情都是正常的。男孩们的身体变化遵循各自的节奏，个体之间存在差异是正常的。在整个青春期，男孩们身体的变化会跌宕起伏，这些变化包括身体的快速生长、体毛增多、生殖器官发育，还包括发育中的停顿——你可能会观察到身体在变化过程中也会稍事休息。这些都是青春期海洋中的潮起潮落,是每个男孩都会经历的正常现象。

在青春期,你可能还会想,我是不是和其他男孩发育得一样好呢?这也是很正常的。你会自然而然地好奇自己的身高、体毛、阴茎、声音,以及肌肉发不发达;好奇自己的身体是否发育良好。不过,拿自己跟别人作比较就如同在滑坡上走路一样危险,所以千万要小心。在第2章以及后续章节,我们会聊到一些具体数字。你还可以留心一下本书彩色框里的数据。朋友,数据就是数字。不过,你知道吗?

你并不孤单

世界上10～18岁的青少年大约有15亿。你看,有那么多人在经历青春期!而男孩要占到大约一半的数量,这之中又有超过3亿男孩将要开启他们"了不起的成长"历程,因此你绝不孤单。男孩的青春期一般从9～14岁开始,到16～18岁结束。不过,一定要记得每个人都有自己的节奏,有些人的青春期甚至会延续到20多岁。

身体的发育与变化

在青春期，身体会以惊人的速度发生变化。即使有节奏上的波动，一般而言，这一时期身体的发育总体上是快速而剧烈的。此前，你的身体经历的唯一一次快速发育阶段是婴儿时期。这一点应该不用我多说了吧，现在的你已经和小婴儿完全不同了（我们还会穿尿不湿吗？）。你可以预料到，度过青春期后你会变成一个完全不同的人。记得吗？我说过改变是好事，重要的是你要知道在青少年时期要注意什么。朋友，瞄准正前方的目标，青春期的第一波浪潮即将袭来。

青春期开始的标志

刚进入青春期的时候，一些身体的微小变化可能会同时发生。各种小的却很重要的里程碑式变化也将贯穿你的青春期。对绝大多数男孩来说，青春期开始的迹象并不怎么明显——可能你的肩膀轮廓线看上去清晰了些，或许声音低沉了那么一丁点，或是个头在过去的6个月长了一些；也可能是生殖器官的皮肤加深了些，睾丸增大了一点；抑或是耻骨两侧或阴茎上方长出毛发。这些都是青春期开始的标志，尽管它们出现的先后顺序因人而异。

你的身体在为长大成年做准备，其中一种简单的准备方式就是长高、变重。睾酮是一种在男孩的青春期中发挥主要作用的荷尔蒙，它会让男孩的块头明显变大，个子变得更高，体重也会增加，这些我们将会在下一章进一步介绍。起初，可能你的手脚变化会更明显，手脚变大会让一些男孩感觉自己笨手笨脚；你的肌肉也会变得发达；肩膀、腿部和胸部的尺码都会增加，身体轮廓也更清晰。你可能会发现关节或肌肉有时候会感到酸痛，这表明为了让你长得更高大，身体内部的机器正在高效运转。

青春期开始的标志还包括声音的变化。这一时期，你要做好破音的心理准备，你的家人喜欢拿这个开玩笑。他们没有恶意，他们爱你。有些人可能也会在学校或社区活动上注意到你出现了破音。（你该如何应对呢？你可以说"请别拿我的声音开玩笑"，然后冲他们笑一笑。）

青春期，你的体毛开始变得粗糙、浓密。腿部和胳膊上的毛发颜色会加深，看上去也更加明显。胳肢窝开始长出腋毛，起初比较细软，慢慢会变得粗硬。阴茎以上、肚脐以下的部位开始长出一小丛一小丛的阴毛。体毛还会从你的胃部、大腿内侧以及乳头处的皮肤冒出来。谈到乳头，你的乳头或乳房组织在青春期会变得更加敏感一些，或是有一些轻微的肿胀。

你的皮肤可能会开始变得油腻。你还会出更多的汗，尤其是腋下、裆部这些部位更容易冒汗（你知道吗？裆部就在我们腹股沟那块地方）。荷尔蒙是引起我们出汗以及体毛变化的原因。在青春期保持良好的卫生习惯至关重要，每天早晚都要彻底清洁你的面部、胳肢窝、阴茎以及睾丸处的皮肤，这有助于尽可能减少痤疮的发生以及消除身体异味。

在青春期，痤疮，包括丘疹或脓疱的发生几乎不可避免。由于身体大量出汗，在汗液和细菌的共同作用下，身体异味也更常见。保持身体干净能够减少痤疮和身体异味，我们后面还会细说。

在青春期之初，阴部，或者外部生殖器，会略微增大。睾丸会先增大，睾丸并不是球形，而是椭球形的，它们在青春期开始后会变得更加敏感（是不是觉得难以置信？保护睾丸不受伤害非常重要）。阴囊是包覆睾丸的囊状物，它也会长大、增厚。阴部的皮肤颜色会加深。随着睾丸和阴囊的增大，阴茎也会变大，而你可能要开始经历勃起了。阴茎在松弛状态下是放松的、柔软的，而受到刺激就会勃起，好像里面长了块骨头一样，而事实上阴茎里并没有长骨头。勃起时，阴茎因为充血而变硬并向上、向外翘起，这是一种正常的生理现象，有时候会自发性地出现。这些都是由荷尔蒙造成的，荷尔蒙在帮助身体成长。我们会在后续章节中更细致地讨论所有这些身体上的变化。

青春期时间线

你也许会感到好奇,青春期第一波浪潮后面还会发生什么呢?男孩们通常会觉得自己已经做好了迎接更多变化的准备,尤其是在他们感觉自己变得更强壮、更高大、更成熟的时候。这就好比我们吃甜点,如果一开始味道尝起来不错,我们就会期待吃到更多。不过请等一等,朋友,别忘了身体是听命于自己的指令进行工作的,你体内的基因才拥有最终的决定权。你既没办法让身体的变化加快,也没有办法让它们慢下来,因此你就只能顺其自然了。

下面是大概的青春期时间线,不过你还是要提醒自己,每个人的生长发育都有不同的节奏,下面的内容只是一个大致的时间范围,而生长发育的具体时间是因人而异的。

9～12岁: 荷尔蒙水平升高,体格发生变化,肌肉变得发达,身高体重增加,开始变声,体毛变得浓密。

10～14岁: 体格继续变化,腋毛和阴毛更明显,更易出汗,体味增加。因此,养成定期清洁的个人卫生习惯十分必要。睾丸和阴囊开始发育,继而阴茎开始增大,勃起更为频繁,乳头越发饱满和敏感。

11～16岁: 身高继续增长,体格更加强壮,阴毛颜色加深、分布区域更多，腋毛愈加浓密。无论是青春期还是长大成人后，我们都需要始终保持良好的卫生习惯。胸毛和胡须会在这一时期开始出现，胡须更多出现在上唇和鬓角处。肌肉含量增加，声音变化显著，嗓音更加低沉。睾丸和阴茎继续发育，勃起和梦遗也会出现。

12～17岁： 生殖器官继续发育，颜色变深；梦遗更加频繁；面部特征日趋成熟；肌肉更加发达；体毛及胡须更加明显，因此可能需要打理毛发。身高的增长速度趋缓；皮肤

变得愈发油腻，面部和身体部位可能会出现青春痘。

16～18岁以上： 身高达到成人身高；阴毛、胡须以及生殖器官基本发育成熟；变声结束；乳头不再增大或敏感。此时，男孩的卫生需求以及梳洗需求与成人无异。

变化知多少？

在本章，你应该已经读过好些遍"每个人生长发育的节奏都各不相同"了。的确，我们无法完美预测每个男孩

特定的青春期时间线,但这没什么大不了的,我们并不需要一条很精确的时间线,对未来所要发生的事情有个大概了解就好了(想想看,你什么时候遵循过所有的规则?)。青春期身体出现变化是很正常的,变化的速度有快有慢,了解这些事情会对你大有帮助。你的朋友、邻居、表哥、哥哥,他们身上发生的事并不一定会发生在你的身上。认识到你的身体正做着它该做的事,应该能够帮助你建立自信和自尊。

第 2 章
身体的变化

变化是件好事,这话你可要一直记在心里。你不想现在还和 5 岁那会儿一样吧?你也不想永远停留在当下这个年纪吧?值得庆幸的是,你的身体正在运转,它会让你不断成熟、长大,这件事其实压根就不由你选择。不过,有些选择你是可以做的,你应该很开心听到我这么说。有些事在你的掌控之内,有些事你的身体说了算,生命就是二者的平衡。如果你觉得自己跟变化的节奏不合拍,你的身体长得过快或是比你期待的要慢,那你一定要提醒自己:每个人的身体都不一样,这是正常的、自然的。男孩有可能又高又瘦,也可能又矮又重,这些都没有问题。下面就让我们看看随着你的体格增长,还有哪些身体变化会发生吧!

身高与体重

我们每个人的体型都是独一无二的。人类,和其他动物一样,个体和个体之间都存在差异。(你有让你觉得厌烦的兄弟或姐妹吗?朋友,我得告诉你一个坏消息,那就是其实他们觉得你也挺烦的。)每个人的面部特征、个性以及身高、体重等身体特征都不相同。有些人,在还是个宝宝的时候个头小小的，长大后却变成了大高个；而有些人在蹒跚学步的时候个头挺大，到了十几岁可能却变得瘦小，这都是由基因决定的。你还记得我们在第1章学过这个词吗？你的基因代码已经在你的身体里埋下一颗种子，它会决定今后你会长成什么样，不过，好好照顾自己的身体也会对你的成长有帮助，你的饮食和运动习惯非常重要。你还要养成自觉控制屏幕时间的好习惯，比如看电视、上网以及玩电子游戏的时间。做正确的决定有助于你度过一个健康的青春期。

快速生长期

你有没有记录过自己的身高和体重？你的父母有没有帮你绘制过生长发育曲线图，或在墙上把你的身高标记下来，或是做过其他类似的事情？除了例行看医生记录身高体重的变化，家里一般都会帮孩子绘制生长发育曲线图。亲戚们也总是喜欢说自从他们上次见到你之后，你又长大了很多。这的确是真的！你在成长，即使你并不是每天都能察觉得到。当有家庭成员说："哇，看看你！天啊，天啊，你怎么长这么大了。"你就表示赞同就行了。他们甚至可能会开玩笑说你的裤子太短了，或者你一夜之间就长了足足一英尺（one foot，大约30厘米）。你不妨打断他们，略带嘲讽地回应："真的吗？多长了一只脚？可是我只有两只鞋啊！"不过，尽量别对他们那么苛刻。这真的没什么大不了的，他们注意到了你身体的变化，这种变化也令他们感觉兴奋和激动。

还记得吗？青少年时期是指从青春期初始到长大成人的这段时期，这是一个过渡时期，我们的身体在为今后的人生做准备。这一时期，身体发育时快时慢，每个人的生长发育都遵循自己的节奏，我们会反复重申这一点。通常，男孩的青春期始于9岁至14岁之间。在这段时间，他们可能会经历一个快速生长期，在短短数月里个头就拔高许多。不过，也有可能经历发育延迟，就是身体在一段时间里并不会有什么变化。你对这两种情况都要有些心理准备，造成这两种情况的原因是荷尔蒙，我们在第1章曾经提到过。医生体检可以发现一个男孩自上次检查后并没有长高太多。而有些情况则是，一个男孩已经比班里其他同学高出一个头或者一个肩膀，他们长得太快，衣服很快就穿不下了。他们在下一年看医生时可能已经比上一年高出3~15厘米。别担心，如果医生有任何担心，他们会告诉你，并和你讨论后续的解决方案。如果没有的话，那你的身体就是在按照它的时间线在发育。不管你的身高如何，你都是健康的。

在医生帮你检查身体时，他们可能还会看看你的肌肉、关节和脊柱是不是发育良好。如果发育速度很快，你的身体有时会感觉酸痛。我们把这种酸痛称为生长痛，它通常不是什么大问题，只会给你带来些许困扰和不便。身体酸痛有点来去不定，这是正常现象，因为肌肉的生长要跟骨骼发育的步调保持一致。一般情况下，我们的肌肉会出现生长痛，而非关节。因此，如果你有关节方面的问题，一定要让医生帮你检查一下，大腿、腿的正面、小腿背面、小腿以及膝盖窝都可能出现酸痛。不要过于担心，虽然生长痛让人觉得讨厌，但它其实没什么大不了的，明白了吗？

奇闻异事

据记载，世界上最高的男人叫罗伯特·瓦德罗（Robert Wadlow, 1918-1940），身高2米72，体重222公斤。世界上最矮的男人叫钱德拉·巴哈杜尔·唐吉（Chandra Bahadur Dangi, 1939-2015），身高仅0.546米，体重14.5公斤。你看从男孩长成男人，大家的体型是不是千差万别呢？

第2章 身体的变化

医生会帮你检查脊柱，看看你的脊椎骨——背部从上到下排列的那一节节小小的骨头——是否排列正常。如果脊柱出现"S"形或"C"形弯曲，你可能会被诊断为"脊柱侧弯"。一个人的脊柱发生侧弯是很常见的问题，有许多治疗手段可以矫正它。

体型和体重的变化

正如身高取决于基因一样，你的体重在很大程度上也取决于基因。体重增加是一件好事，你的身高正在发生变化，骨骼和身体组织的重量也随之增加——因为你的身体器官在变大，四肢在变长，所以你的体重也会增加。此外，造成体重增加的绝大部分原因是肌肉的增加。你会发现自己的肩膀更宽了，胸部和手臂的肌肉组织更多了。一个男孩可能看上去瘦瘦的，可能看上去壮硕有型，也可能看上去肉乎乎的没什么肌肉。身材多种多样，不管是何种身材，大部分都是正常的。

青春期，身体脂肪的增加也会造成体重的增加。脂肪之所以被人诟病，是因为过多的脂肪会给身体带来健康隐患。然而，适量的身体脂肪（也称为脂肪组织）能帮我们储存能量、维持体温、吸收维生素和保持皮肤健康。有些脂肪叫作皮下脂肪，就在皮肤下面，能起到保暖和减缓外力冲击的作用。另外一些脂肪叫作内脏脂肪，分布在内脏周围，能起到保护内脏的作用。

在青春期里，有些男孩小时候的婴儿肥会消失，而有些男孩身体的脂肪组织则会增加。你得知道，肌肉组织和脂肪组织是两种完全不同的组织，它们之间无法相互转化。身体里这两种组织都有一定的含量。体重秤上的数字不会告诉你身体的肌肉和脂肪含量各是多少，所以它只能作为衡量胖瘦的参考。医生会通过测量身体质量指数（BMI）来确定你这个年纪身高和体重的比例关系。你的医生可能会认为，即使你的 BMI 高于或低于平均水平，你的身体也是健康的。如果你有任何体重方面的问题，医生都会告诉你和你的父母。

健康的生活习惯对身高和体重都有益处。童年时期的健康状况会对青少年时期的你产生影响，而青少年时期的健康状况又会影响成年后的你。良好的饮食、运动以及睡眠习惯有益身心健康。健康饮食有助于大脑调节身体的荷尔蒙分泌和增强记忆力；运动有利于肌肉的生长发育和正常工作；睡眠可以让我们的身心在一段时间内得到放松，在应对各种变化之后，让我们的精力和体力快速恢复。青春期是继婴儿期后，人生第二个生长发育的高峰期。男孩的快速成长，导致对能量的需求大大增加。这意味着你会饿得更快，需要吃更多的食物。你的身体会消耗卡路里，也就是我们从食物中获得的能量，来为身体提供长高、变重所需要的燃料。没错，我们都知道薯片和苏打水饮料味道好极了，不过你还是要尽量坚持吃健康的东西而不是零食。

我们都知道在你打心爱的电子游戏的时候，大脑可能会很享受游戏带来的挑战和刺激，不过请不要以牺牲运动和睡眠时间为代价。你需要控制屏幕时间，以保证身体的基

本需求。只有在二者之间找到平衡点，你才能健康成长！

我们会在第5章谈到更多有关营养、运动以及睡眠的话题。如果你有任何关于身高和体重的具体问题，你都可以咨询医生。

别跟别人比较，那是自寻烦恼

我们会自然而然地关注别人。我们也许会关注到那些个子高的男孩们、强壮的男孩们或是最优秀的运动员们。我们也会在互联网、电视或广告里看到，成年男性通常以肌肉硬汉的形象出现。在这个照片滤镜和电脑合成泛滥的年代，你一定要时刻提醒自己，你看到的并非总是真相。但那些职业体育比赛中的顶级运动员呢？他们在这个世界上是凤毛麟角的。你可千万要记得，每个人的身体都在按照自己的节奏变化，每个人都拥有各自的优势，无论是身体上的还是精神上的。你可以随时和你的父母、你的医生聊聊自己的身高、体重以及生长速度。不过别忘了，做比较往往是不公平的，所以不要总拿自己跟别人比较！

保持身体各部位的清洁

保持身体的清洁并不像想象中那么轻而易举。"保持身体清洁!"听上去好像很容易,但想要真正做到还是挺复杂的。随着身体的变化,我们需要仔细研究如何护理自己的身体,不过这一切都始于一些基础知识。毕竟,在这条"了不起"的成长之路上,你的计划得跟上变化。这就是变化带来的变化,我的朋友。在青少年时期,照顾好自己的头发、皮肤以及其他一些身体部位非常重要,千万别掉以轻心啊!

护发

当你还是个孩子的时候就知道打理头发的重要性了,不过那时候你要靠父母帮忙,现在就要靠自己了。也许你从来就不喜欢别人帮你弄的发型,也许你压根就不在乎自己的发型。好吧,从现在起你对自己的头发有更多的发言权了。你在青少年时期培养的护发习惯会影响到你日后的头发健康。你想要一头飘逸的头发,不是吗?那么,保持头部和头皮健康将十分有必要。

首先,每个人不仅有独特的发型,而且有独特的毛囊。

毛囊是皮肤的一部分。在毛囊内,新的毛发细胞从毛干的根部形成。随着新细胞的形成,它们会将老细胞从毛囊在皮肤表面的小开口,也就是毛囊孔,挤到皮肤外面,从而成为我们所看见的毛发。每一个毛囊的形状都会影响到头发类型,它会决定你的头发是直的、波浪形的、卷曲的、螺旋形的还是易打结的。这些很大程度上都是遗传因素造成的——头发在我们的家族树上有很强大的根基。头发类型与遗传紧密相关。遗传是一个术语，指经由基因的传递，使后代获得亲代的特征，它与我们的家族背景相关。因此，头发类型的差异也与种族差异相互联系。例如，深色皮肤的人的毛囊与浅色皮肤的人的毛囊相比，形状往往更加细长。当然，实际情况也会因人而异，头发类型取决于每个毛孔内的毛囊形状。如果毛囊是圆形的，头发就会长得比较直。如果毛囊是鸡蛋形的，头发就会长成波浪状，而如果毛囊呈钩状或椭圆形，头发就会长成卷曲或者螺旋形的。有意思吧？

你的头发类型会影响到头皮是否容易出油。天生卷发的人会发现自己不必像一头直发的人那样需要经常洗头。不过天生卷发的人会发现，自己的头皮更容易受到刺激，也更容易长头皮屑，就是雪花状的白色死皮。不过这并不绝对，你和你的兄弟姐妹也不可能有完全一样的头皮问题。

头发可细软可粗糙，可长可短，可以是金黄色、鲜红色或是黑色。不管头发是何种类型，它们都可以很酷。给你的头发打理出独特的造型，让发型配合你鲜明的个性，这会让梳头和护发变得有趣（不过也别沉迷于此，你可不想每天出门前花太多时间吧）。不管怎么打理头发，你都要注意保持头发清洁。这意味着你可能一周要洗几次头，或者是几乎每天都要洗头。你可以用护发素，也可以不用。

父母会根据对你和你发质的了解，推荐适合你的洗头方法和洗发护发产品。当你淋浴或者是洗澡的时候，一定要用洗发水清洗头皮，并用指腹轻轻地按摩一小会儿。这有助于清洁毛孔，促进头皮新陈代谢。

洗完头，有些男孩喜欢让头发保持干爽自然的状态，有些则喜欢使用造型产品。或许是头发类型不同，或许是希望做出某种发型，这两种原因都会让你做出不同的选择。发油、啫喱、发乳、发蜡都是你平时可能会用到的造型产品。不同产品效果也会有差异，有些会更适合你的发质，所以你可以多尝试一些产品，挑选一款最适合自己的。

青春期，腋毛和阴毛开始生长。这就意味着你需要护理好自己的胳肢窝和外阴部位。有些男孩的腋毛会是细细的、软软的，有些男孩的腋毛会是卷曲的、黑乎乎一团。有些男孩可能会在腰线以下的耻骨区先长出又粗又硬的阴毛，也有可能在阴茎根部长出细软稀疏的阴毛。基因决定着体毛的类型。体毛通常与身体其他部位已长出的毛发颜色一致，比如你的眉毛或者腿毛。不过有时候，阴毛和腋毛的颜色会比其他部位的毛发颜色更深一些。无论体毛的颜色、类型以及数量如何，我们都要注意保持体毛的洁净卫生，洗澡洗头的同时，也别忘了用肥皂或是香波清洗一下自己的体毛。这可以把毛发上的细小微生物，也就是细菌的数量降到一个较低的水平。细菌会让身体发出难闻的味道。有个很有趣的事实：汗液本身并没有味道。只有当汗液与皮肤上的细菌相遇，身体才可能会难闻。每个人都会出汗，因此，要从现在就养成每天洗澡的卫生习惯，并一直坚持下去。

我们将在第4章深入讨论阴毛以及相关的生殖器变化。

皮肤"外套"

你知道皮肤是人体器官吗？不仅如此，皮肤还是人体最大的器官。我们的身体为皮肤所包覆，皮肤占我们身体总重量的 15% 左右。身体各个部位的皮肤是不一样的：眼睑处的皮肤最薄，脚后跟和手掌处的皮肤最厚。皮肤能够帮助我们的身体维持体温，防止我们受伤或生病，皮肤上的神经末梢能够让我们产生感觉。皮肤的功能实在是太强大了！

皮肤的最外层叫作"表皮层"。表皮层含有能够防水的细胞，这真是太酷了！因为皮肤可以防水，我们才不会在每天接触水和液体时变得肿胀不堪。不过皮肤也具有一定的吸收功能，因此涂在我们皮肤上的药膏或药油才能见效。正是因为皮肤神奇的防水功效，才能使我们柔弱的身体内部免受损伤。表皮层的细胞会不断脱落并更新，一个代谢周期大约是一个月或半个月。皮肤里的蛋白质会生成手指甲和脚指甲，蛋白质细胞硬化、压实，就成了你们都知道的扁平的指甲。

表皮层含有黑色素，它会决定皮肤的颜色。我们之所以被阳光晒黑，就是黑色素在起作用。阳光也会让身体合成维生素 D，这就是适当晒太阳有益于健康的原因。不过不要过度美黑，无论是在室外过多地晒太阳还是利用人工光源，如用"美黑床"过度照射皮肤，都可能增加紫外线伤害皮肤的风险。这些风险包括晒伤、提前衰老，以及皮肤癌。那么有没有所谓的底线呢？我想我们最好还是追求自然的皮肤颜色。

每个人身体的黑色素水平都不一样，所以即便是兄弟姐妹，肤色也会有些许差别。你知道人们的肤色差异很大，有的浅、有的深、有的白、有的黑。这与遗传学有关，与我们的祖先来自地球的哪个地方有关。我们刚刚提到过，阳光会促使我们的身体合成维生素D，但是过量的紫外线又会伤害身体，这是一种进化的平衡行为。居住在寒冷地带的早期人类皮肤颜色较浅，比如阳光不够充足的北欧。而生活在温暖地带，特别是赤道附近（如非洲、中美洲、中东地区）的早期人类，为了抵御阳光的伤害，皮肤就永久性变黑了。肤色的差异由来已久，它使人类族群变得更加丰富。为你的皮肤感到骄傲吧！它代表了祖先们的伟大传统！

了解"汗水"

我们的第二层皮肤叫真皮层。我们已经详细地说过体毛——毛囊是真皮层特殊结构的一部分。真皮层分布着神经末梢，能让我们感知冷热及疼痛，真皮层含有的油脂可以润滑我们的皮肤，防止皮肤过分干燥。真皮层还有其他的一些功能，比如天冷的时候，它会使我们起鸡皮疙瘩，让体毛竖起来，以减少身体热量的流失。如果身体过热，汗腺又会开始工作，使皮肤表面产生液体。汗水蒸发会带走身体的热量，从而起到给身体降温的作用。

手和脚是最容易出汗的部位。尽管如此，你还是会发现身体其他部位也会出汗，比如腋下。在青春期里，腋下长出的腋毛会附着细菌，使用除臭剂或止汗喷雾有助于消除体臭，我们可以在每天早上以及每次淋浴后喷上薄薄一层。虽然你可能闻不出来自己身上的臭味，但是使用除臭剂或止汗喷雾是个明智之举。我的朋友，良好的卫生习惯有助于社交健康。去找一款你喜欢的、不刺激皮肤的除臭剂吧！你的父母可能也可以帮你推荐一些好用的产品。

青春痘及其他皮肤问题

洗澡是很好的个人卫生习惯，能帮我们解决很多皮肤问题。洗澡时我们要特别注意清洗那些每天都会出汗的地方。汗水会诱发青春痘，青春痘是毛孔发炎后皮肤上形成的凸起。你可能听到过有些青春痘叫作丘疹、脓包，而有些叫作白头粉刺、黑头粉刺。白头粉刺和黑头粉刺是颜色不同的凸起，使用特定的清洁方法可以去除，要尽量避免刺激青春痘。

虽然青春痘在青少年时期最常见，但各个年龄段都可能被它困扰。青春期里，痘痘会出现在面部、额头、胸部、上背部、肩部，甚至还会出现在屁股上，任何部位都可能长痘。青春痘主要是由青春期荷尔蒙的变化引起的。大部分男生多多少少都会长痘，千万不要觉得是自己脏或者油腻。不过，保持干净有助于减少青春痘。注意个人卫生，如有需要可以使用非处方的祛痘膏，也可以咨询医生或是皮肤专家寻求其他的治疗方案。

其他皮肤问题可能也会在青春期开始出现。你可能已经从家人或是同学那里听到过一些名词，如湿疹、银屑病（俗称牛皮癣）或皮炎。这些都会引起皮肤表面的刺激。还有一些其他皮肤问题我们也应该了解一下。你可能知晓了一些有关细菌（就是那些微小的生物群落）的知识，还有一些其他的微生物在青春期中也要留意。它们小到你无法用肉眼看到，但却能够造成你无法忽视的皮肤问题。其中一种微生物就是真菌，它会导致一种足部常见的皮肤病，即脚气。这种病会传染，任何人都有可能染上脚气，共用一个更衣室、赤脚在地板上走动的运动员更容易互相传染脚气。真菌感染会造成皮肤瘙痒、脱皮。脚气带来的损害通常都从脚趾处开始,继而影响到指甲和足底。脚气容易治愈,你可以在当地的药房或药店找到治疗脚气的药物。为预防脚气,我们需要保持足部卫生,并在运动以后尽快脱掉汗湿的鞋袜。

我们最后要提到的一类微生物是病毒。病毒是一种微观颗粒,它们会感染寄主的细胞。病毒会让我们生病,比如唇疱疹(症状是嘴巴周围长水泡)是由单纯疱疹病毒引

起的；疣（一种长在手、脚或身体其他部位的疙瘩）是由人乳头瘤病毒引起的。唇疱疹和疣都会让人感觉不舒服，而且通常需要治疗。如果出现症状，一定要让你的监护人知道，你可以去药房买药或寻求医生的帮助。病毒具有传染性，所以不要用手去抓，这样会给病毒制造继续传播的机会。最后，还要提醒你一个非常重要的注意事项：无论生殖器上出现任何异常，都要立即去医院做检查，医生会找到最佳的治疗方案。

你看，以上就是有关皮肤的那些事儿。像其他器官一样，你好好照顾它，它也会好好照顾你。

保持乐观

12～24岁这一年龄段的群体中，有85%的人都有长青春痘的经历。大多数时候，我们对自己身上出现的瑕疵比别人更为苛刻。如果有痘痘冒出来，请保持乐观，或许其他人压根就没有注意到，因为每个人都有自己要操心的事！对待其他皮肤问题也应当如此。10个男孩里就有1个男孩会在青少年时期的某个时刻患上皮炎或其他皮肤病。

眼睛与耳朵

你知道吗？人类的感官真是不可思议。有时我们会忽略这个事实。我们的感官一起工作，让我们每天都能体验、探索这个世界。感官是上天赐予我们的礼物，如果你拥有视觉、嗅觉、味觉、听觉、触觉以及其他复杂的感官，如平衡能力和痛觉，那么你就会知道每一种感官的重要性，特别是当你需要感知某种特定事物时。如果你失去了任何感官，或者你天生具有其他不同的能力，你就会格外珍惜你所拥有的那部分感官。通常情况下，你的那部分感官会因此而更好用一些。我们在本章讨论了如何照顾身体的某些部分，照顾感官也当如此——你在日常卫生和理容习惯上所做的小努力，从长远来看都会给你很大的回报。你是一个翩翩少年，不过别把这一切视作理所当然，只有从一点一滴做起，你才能茁壮成长。

我们先来聊什么呢？我们先来看看……你的眼睛。每年去看医生时或者是在学校，或者二者兼而有之，都会检查视力。如果你现在已经戴上了眼镜或者隐形眼镜，你应该知道每年都要去检查度数是否加深。在青春期里，随着年龄增长，这些检查将确保你的配镜度数与你的视力相符。保持眼镜或隐形眼镜的清洁和安全，这样就不会产生额外而不必要的配镜费用。如果你喜欢运动,你可以选择佩戴运动眼镜。当你做运动或者玩耍的时候,这种眼镜能保护好你的眼睛,而且不会跌落。不管你戴不戴眼镜,在看手机、平板电脑、玩电子游戏,或者看其他电子屏幕的时候,时不时休息一下眼睛都会对你大有益处。还有,就是不要在漆黑的房间里盯着屏幕看上几个小时,这对眼睛伤害特别大(你可能已经知道了,我只是想提醒你注意一下。给你来个"眨眼杀")。

无论你现在哪里,请停下来,听一听身边的声音。你听到了吗?如果听到了,你应该感谢你的耳朵!即便是听到四周寂静无声,也是听觉带给你的礼物。如果你从小就容易患耳部感染,那么青春期里一定要注意保持耳朵清洁,感染是超级痛苦的。淋浴时,洗头发的同时也要洗洗耳朵,轻轻揉搓耳朵外侧,然后轻推轻拉耳垂让耳朵动一动,有助于将松散的耳垢弄出来。使用棉签时要非常小心,因为你可能会戳破并损坏耳膜。尽量降低耳机的音量和使用时长,睡觉时一定要摘掉。戴耳塞或耳机仅一个小时,耳朵里的细菌就会增加700倍!很恶心吧?一般来说,你在做视力测试的同时也会做听力测试。因此,如果你有什么听力问题需要解决,学校护士或医生会为你提供指导和帮助。

手与口

口腔在青春期是一个忙碌的地方。你还没掉完的乳牙会在这一时期脱落,乳牙就是在婴儿期长出的牙齿。恒牙只有一副,因此要好好照顾这些牙齿,这样你的笑容将像你的未来一样灿烂。在青春期这几年里,你的牙齿、牙龈和舌头上的细菌会增加,这是正常的。虽然有些细菌是有害的,但大多数细菌都无害处,有些甚至是有益的。然而,

某些类型的细菌如果不被清除就会不断生长、繁殖，并与食物颗粒结合，形成一种叫作牙菌斑的薄膜。牙菌斑硬化后形成牙垢，牙垢会导致牙龈疾病，这可不是什么好事。牙菌斑还可以与糖结合，产生酸，导致蛀牙。为了预防牙龈疾病和蛀牙，你需要清除牙菌斑，方法就是每天刷牙和使用牙线。牙医告诉我们，每天要刷牙2到3次，每次刷牙时间不能少于2分钟。刷牙并不能清除所有的牙菌斑，在你的牙齿之间、牙龈下，或牙套下，都会有残留的牙菌斑。说到牙套，一定要按照矫正医生的具体指导来清洁牙齿和护理牙套。记住，每天至少需要使用一次牙线清洁这些地方。如果你觉得养成使用牙线的习惯有些困难，不妨从小处做起，比如把牙线放在牙刷旁，以提醒自己使用。不喜欢护牙？笑一笑，忍一忍，伙计。一段时间以后，它就会成为你的又一个卫生习惯。

  我们前面讨论了很多如何让不断变化的身体保持健康和清洁的方法，我要提到的最后一个方法就是洗手！触觉，特别是手部的触觉，是人类经验中常见并重要的一部分。你已经不是小孩子了，所以不要再把手放进嘴里，也不要用手指抠鼻子。每天勤洗手，并保证每次洗手时间超过30秒，这样就能让你远离细菌。如果你还不会用指甲剪，那么现在可以学着用它来修剪指甲、清理甲缝里的污垢。还有，就是千万不要咬手指甲！这绝不仅仅是为了指甲好看。做到以上这些，将有助于预防很多我们在本章节讨论过的问题，如痤疮、眼睛和耳朵感染，以及牙齿问题。

第3章
像个大人

身体在青春期会出现许多变化,其中就包括第二性征的出现。第一性征在出生时就基本完备了,青春期第一性征——阴茎和睾丸的变化我们将在第4章详述。而第二性征的各种变化几乎都是从青春期开始的。

除了身高和体重之外,男孩青春期两个明显的外在变化是:嗓音变低沉以及体毛增加。显然,你的脸会被看到,声音会被听到。因此,任何脸部和声音的变化都会被别人注意到。他们自然会对这些变化评论一番。家人和朋友没有任何恶意——他们只是注意到你在成长,这没什么。我们在上一章就提醒过你要记住这一点,后面还会反复提醒你:变化是好事,而知识就是力量。

当你看上去、听上去都像个大人了,你可能会想那我该如何应对自己的胡须,如何在公共场合讲话呢?在本章,我们将重点聊聊在青春期旅程中,当你需要平衡内在自信和外在变化时,该如何照顾好自己的身体。

胡子该剃掉还是留着?

我们无法确定身体外在变化的先后顺序,但首先我们要重点了解的是:胡须。幼年时期,男孩脸上的毛发像桃子表面的绒毛般细软,到了青春期,鬓角、上唇,甚至是下巴上的毛发会先开始变硬,然后其他地方的毛发再接着变硬。一些男孩的胡须长得比较均匀,而有些不是,他们的胡须也许要几年才能长好。一些新长出的毛发可能会稀稀

疏疏地分布在脸上，或许你上唇处的胡须会先长出来，或许你的鬓角处会长出较长的胡须，抑或你的下巴、脖子处会长出胡须。在有些文化和宗教当中，刮胡子是不被允许的。如果你被允许刮胡子并且也有动力这么做，那方法还是挺多的。

与人云亦云的观点相反，刮胡子不会让胡须长得更快或者更浓密。你不会因为使用剃须刀而长出更多胡须，不过如果你还没有长什么胡须，那也就用不着刮。要千万小心，剃须刀的刀片可是很锋利的。

到底如何做决定？

可供选择的剃须刀类型不少，品牌众多。像任何售卖产品的公司一样，剃须刀公司都会说自己是最优秀的，并吹嘘他们的产品正是你所需要的。剃须刀有单层刀片、双层刀片之分，甚至还有四层刀片和五层刀片的剃须刀。不仅有剃须膏，还有剃须啫喱、须后乳液、胡须梳、胡须刷子。这么多产品真是让人眼花缭乱，不过到底如何选择还是要看你需要什么。你可以尝试普通牌子的产品，因为它们能以较低的价格提供相同或相似的产品。你可以问问爸爸或监护人、哥哥，甚至是你的朋友，看他们用过什么产品，听听他们的建议。尽管如此，你还是会发现必须多试一些产品，才能找到真正适合自己的。

通常，刚开始学习剃须时，你可以选择双层刀片的剃须刀，它完全可以满足你的需要。在你充分了解自己适合什么之前，不要买太贵的产品。剃须膏主要起保湿作用，所以你可以使用，也可以只用热水。有些男士在洗脸池边用剃须膏和热水刮胡子，有些在淋浴的时候刮胡子，因为淋浴时的蒸气有助于毛孔打开，以及湿润胡须。刮胡子的时候镜子能够帮你不遗漏任何一处长胡子的地方。如果你乐意，还可以找能够吸在淋浴房上的小镜子，贴在浴室里。

该如何剃须？

看一看胡须生长的方向。如果你看不出的话，那就用手指拨弄一下脸上每处的胡须，你的手指或指甲感觉哪个方向的阻力最小，那它就是胡须生长的方向。先顺着这个方向刮，这就是所谓的"顺着纹理刮"。对大部分人来说，就是从上往下，从鬓角到脖子，从鼻子到嘴唇，从嘴唇到下巴，从下巴到衬衫领口处。通常，下巴以及脖子处的胡须会有点向外侧生长，这就意味着你在刮胡子的时候要从下颌骨往耳朵的方向刮，从喉结处向喉咙两边刮。

　　如果你使用剃须凝胶或者剃须膏的话，第一步也要把脸打湿。在皮肤和胡须还是干的时候刮胡子，你会拉扯到胡须，这样会有点儿疼，而且也会给皮肤带来更多刺激。在需要刮胡子的部位涂上一层薄薄的剃须膏就好了。（千万要抑制住内心的冲动，别在胡须上抹上一大堆白花花的剃须膏。如果实在忍不住，那就试那么一次吧！）如果你只是用肥皂和水，那最好把脸打湿后等几分钟再刮胡子。有些男士喜欢先把一块温热的洗脸巾按在脸上，等待片刻后再刮胡子。

在使用剃须刀时要稍微用点力气按压，在不刮伤脸的情况下把胡须剃除。如果力道太轻，不但不能把胡须刮干净还会把胡须拔起来，这样会比较疼。有时候在某个部位你要多刮几下，特别是胡须量比较多的地方，或者是你有一阵子没刮的地方。刮完一处后，要用水冲洗一下剃须刀，或是在洗脸池边上轻轻敲几下，以清理剃须刀里的碎胡渣。干净的剃须刀刮起胡子来才更顺畅、更方便。

等你顺着胡须生长的方向刮了一遍胡子以后，可以逆着再刮一次。大多数时候就是从下往上刮，这时候要头朝下拿剃须刀。这样刮胡子可以更好地剃除靠近皮肤的胡须，不过这也更容易把皮肤弄伤。我们通常把这种伤称为"剃须刀灼伤"，它是一种比较疼痛的皮肤刺激。随着表皮层的胡须脱落，灼伤处会长小疙瘩或毛发向皮肤内逆向生长。这些疙瘩看起来很像青春痘，除了会疼，甚至会留下永久性疤痕。一旦发生剃须刀灼伤，就暂时别刮胡子了。几天以后，你可以尝试从一个新的方向刮胡子，而不是顺着之前让你发生灼伤的方向刮。然后，再观察一下皮肤的反应。剃须刀灼伤特别容易发生在颈部，因为这里有更多的纹路和褶皱，这里的皮肤也更加敏感。使用剃须膏虽然能减少灼伤，但是关键还在于遵循恰当的剃须步骤。如果需要获得更多关于怎样剃须的建议,你随时可以去问你所信赖的成年人。

你也可以选择电动剃须刀刮胡子。有些男孩觉得电动剃须刀很好用,而有些则发现电动剃须刀的刀片更容易造成灼伤。你的个人经验会帮你做出最合适的选择,如果经济条件允许,你不妨多做尝试。如果你有些犹豫不决,那一款简单的手动剃须刀和温水就是剃须之路的完美起点。随着剃须习惯的逐渐养成,也请你记得一定要在每次剃须后清理洗脸池边的碎胡渣,并用水把它们冲进下水管。做个体贴、有礼貌的人,保持洗脸池或淋浴房的清洁。下一个使用它们的家庭成员可能会夸赞你爱整洁,胡子也刮得好。你看这不是两全其美的事情吗,朋友!

胸毛和其他胸部变化

你听说过国际象棋吗?青春期像是给胸部带来了一场象棋比赛似的,棋子在棋盘上不断移动。除了胡须,青春期男孩最引人注意的外在变化主要是胸部的变化。躯干处的肌肉组织——也就是位于胸部两侧的胸肌,力量会增强,胸围也会增大。你可以把肩膀练得更宽阔,从而与胸部相称。不过这都需要时间,所以不要指望某天醒来的时候奇

什么时候开始刮胡子?

实际上,男孩何时开始刮胡子以及该如何刮胡子这两个问题是没有定论的。一般来说,男孩会在16岁之前发现自己开始长胡子。对一些男孩来说,这是成长过程中的一个里程碑,而对其他一些男孩来说,这可能根本算不上什么。不管你是感到兴奋、恼火或是压根无所谓,这都是正常的。下面是一些男孩分享的他们刮胡子的经历,这对还没有这方面经验的你或许有用。

我记得当我所有的朋友都已经开始刮胡子的时候,我还没有长出任何胡子。一位朋友就建议我可以用剃须刀刮一刮,说这样能让我长出络腮胡,可是压根没用。等到了20多岁,我开始长出更多胡子,然后我发觉我竟然一点也不喜欢变成这样子。你看,我们根本没有必要着急。

——卡尔

我比我的同学们更早长出胡子。一些同学觉得很吃惊,另一些则建议我把胡子刮了。但由于我的背景和父母的缘故,我直到16岁才开始刮胡子。在这之前,我已经习惯了不刮胡子,我的同学也已经习惯了。这只是我成长过程中的一部分罢了。

——萨钦

我的胡子并不算多,我可能是朋友当中最晚刮胡子的那个。即使到现在,我可能永远也留不成连鬓胡子或络腮胡。以前,我可能还会担心这个问题,但现在我已经意识到我们每个人毛发的浓密程度都不一样。

——安迪

迹会发生，比如你强壮到可以连续做 100 个俯卧撑。由于遗传基因的不同，胸部肌肉的力量和大小也会有所不同，但如果你能坚持运动，吃得好、睡得足，你就能让身体发育得更好。或许你天生很瘦或很重，抑或运动能力很强，但如果你能照顾好自己，你将永远是最健康的"你"。我们会在第 5 章详细介绍运动及其相关话题。

这会让你长出胸毛

我们在前面提到过，体毛在青春期开始变得粗糙。你的躯干部分很可能会长出一些新的毛发，一般是从胸部中央、乳头，以及肚脐四周开始。和胡须一样，男孩一般要到 16 岁才发现自己开始长胸毛，不过胸毛全部长好一般都要到男孩青少年时期结束了，甚至要到 20 多岁。有一句很流行的话叫作："这会让你长出胸毛。(It'll put hair on your chest.)"这其实是句玩笑话，意思是说做一些困难的事情会让你成长为男人，并不是每次当你鼓起勇气或是尝试新事物的时候就会长出胸毛，玩笑终归是玩笑。体格健壮、意志力强都是可贵的，但是这些并不能够定义你是否有男子气概。要想成为一个绅士或一个成熟的男性，你还需要管理好自己的情绪。我们将会在第 6 章讨论更多有关情绪和情感的内容。

等到成年后,有些男人会修剪自己的胸毛,有些则不会。这全凭个人喜好,修剪或者不修剪胸毛,你都可以保持健康和干净。清洗胸毛非常简单,就像我们清洗腋毛一样,淋浴的时候就可以进行。修剪胸毛时要小心,因为就像剃须一样,修剪胸毛也会引起皮肤刺激。重申一遍,修剪或剃除体毛并不会让它们变得更加浓密或者更长。和头发不同,体毛的极限长度要短得多,极限长度的意思是长到一定长度就不再长了。所以,剃除体毛不会改变它的浓密程度、长度、颜色或是生长速度。当然,这样说并不意味着你非得剃除体毛。你的身体由你做主!

奇奇怪怪的事实

青春期以前,男孩子面部、胸部以及腹部的细软毛发叫做"毳毛"(cuì máo,俗称绒毛)。进入青春期后,这些毛发就变成了"永久毛",更长、也更粗壮。我们每天会脱落并新生大约100根毛发,其中绝大多数是头发。

呃，为什么我有乳头？

现在，你肯定已经意识到，你不是唯一那个要经历青春期的人。不仅有数百万的男孩要进入青春期的成长航程，女孩也同样如此。事实上，与男孩相比，女孩往往会更早进入青春期。我们知道，每个人都不尽相同，因此我们可能会看到高个女孩和矮个男孩，或者胖男孩和瘦女孩，或者其他一大堆的差异，这些差异可能会在几年的时间里发生翻天覆地的变化，很多变化是男性或女性特有的。然而，有些事情男性和女性差别不大，这主要是因为我们都是人类。当人类在子宫中发育时，每个婴儿（在出生前几个月被称为胎儿）都被赋予了相似的成长蓝图，所以每个人的遗传密码中都包含了类似的身体结构。举个例子：乳头！男

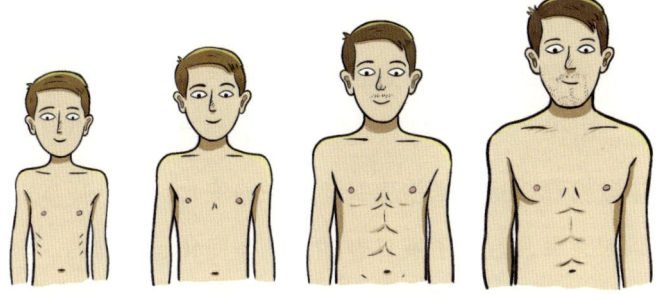

性基因注定男性不会生孩子并用乳头哺育小孩，这使得青春期男孩的胸部和乳头发育，还有功能都与女孩大不相同。不过，就像青春期女孩会经历乳房和乳头的变化一样，男孩的乳头和胸部组织也会在这一时期出现变化。

有些男孩到了青春期，乳头后面的胸部组织可能会变得硬一些，并在数月或数年的时间里变大，乳头也有可能因此而变得更加敏感。这种情况叫作男性乳房发育症，常发生于青春期男孩的一侧或两侧乳头，这是由激素变化引起的。还记得睾酮吗？它的化学姐妹雌激素会引起男性乳房发育症。在大多数情况下，肿胀的乳房组织不需要治疗就会自行消失，虽然这可能需要一些时间，比如6个月到两年。在此期间，胸部或乳头会因为脂肪过多而显得较大。如果你被这个问题所困扰，可以向医生咨询。

身体自检

既然聊到检查身体是否健康这个话题，我就来介绍一个词，叫作"身体自检"。顾名思义，身体自检就是自己对身体做检查，特别是检查身体出现的变化。你选择本书是个明智之举，因为了解青春期的哪些变化是正常的、自然的，这对你来说非常重要。了解怎样检查身体的健康状况也非常关键。你可能只需要做一些简单的事情，比如监测自己的心率，检查自己的牙齿和牙龈，或者检查自己的皮肤，观察是否有扩大的痣或不健康的皮疹。你可以在每天洗澡前或洗澡后进行身体自检，或者在洗漱时快速完成。这里有几个简单的，需要问自己的问题——是否有什么地方无缘无故地疼？我是否感到不舒服或身体有什么异常？

在第 4 章我们将再次提到身体自检，因为我们将会讨论到青春期时肚脐以下的变化以及如何保持睾丸健康。

嗓音变化

另一个让男孩看起来像个大人的外在变化是嗓音。如果你的声音听起来像个大人，那你也常常会被当作大人。这可能会让人觉得沮丧、恼火，也可能让人觉得振奋、激动。更低沉的嗓音会让你被越来越多的人视为青年人。然而，这并不意味着你自己感觉成熟了，也不意味着你需要彻底改变自己以显得成熟。你仍然可以坚持童年时的爱好——没必要为了让自己更"成熟"而放弃自己喜欢的玩具或其他兴趣爱好。兴趣爱好会变化。你只要坚持做自己就好，没有人曾经是你，也不会有人成为你。

在青春期的时候，嗓音的变化会引起混乱，因为你的嗓音还不稳定，有时候会比较高亢，有时候又会变得低沉。让我们一起来澄清一些事情，这样你就能对今后将发生的事胸中有数了。

"亚当的苹果"

喉咙的外壁是由软骨组成的，而位于喉咙中间的那块软骨，我们把它叫作"亚当的苹果"[1]，也就是喉结。男孩的喉结会在青春期里随着喉咙发育而变大，声音也因此变得低沉。当我们用舌头、嘴唇和牙齿说话，我们的声带会内收拉紧，肺部呼出的气流使声带振动，就发出了声音。

破音

随着喉咙及声带的发育，男孩的声音会逐渐变得低沉，有时候声音不太稳定，就会出现破音。这种情况一般在 13 岁时就会出现。这之后，喉咙还会继续发育，一般来说，男孩的嗓音到 16 岁才会完全变成成人嗓音。在此期间，嗓音会时高时低，你可能也无法控制。不过，还是有一些快

---

1 《圣经》中讲到，人类祖先亚当在偷食伊甸园的苹果时，被卡住了喉咙，苹果最终变成了喉结。因此，英语中称男性喉结为"亚当的苹果"。——译者注

速控制破音的办法，能帮你应对在田径比赛、音乐或其他社团活动中的重要讲话。首先，暖嗓！在沉默一段时间后，你说出第一个词的音调可能会出人意料的高亢。因此，当众讲话前，你可以先清清嗓子，发出一些"嗯嗯"的声音。然后，发出你音域中从低音到中音的几个音，这有点像歌唱家唱歌前的开嗓热声。这不会占用你太多时间，也不会引起太多的注意——在几秒钟内就能完成，别人几乎注意不到。另一种减少破音的方法是，在说话时要保持有足够的空气穿过喉咙。像大声说话或对更多的听众说话一样，你的喉咙受到了更大的压力，当压力逐渐减弱，你小声地说话时，破音就会发生。

即使掌握了这些小技巧，也不能保证你不会出现破音。如果发生这种情况，最好的应对方法是什么？幽默感！学会自嘲——这能缓解你破音时可能出现的尴尬。笑一笑，然后说："对不起，再来一遍！"可能是最好的解决办法。试图掩盖问题可能是行不通的，所以你可以想出一些机智妙语，让大家知道你不仅有绝佳的声音，还有绝佳的性格。你可以试着说"哦，朋友们！我的声音实在太搞笑了！"，或者"突发状况来了！"如果有人非常讨厌，你可以直截了当但不失礼貌地说："嘿，请友善一点。我只是在变声，仅此而已。"笑一笑然后继续做你的事。

听起来不错

最终，你的声音会像你一样独一无二。你的说话方式会受到语言、地域、家庭和朋友的影响，但音调是独属于你的。它或高或低，讲话时的抑扬顿挫（声音的大小起伏和停顿转折）也与他人不完全一样。历史上有很多伟大的演讲者都有不太寻常的声音，也有很多人克服了语言障碍。

用声音做什么才是最重要的，你有能力用一个简单的转折短语鼓舞别人，或者也有可能让别人失望。在经历青春期的时候要注意这一点——"了不起的成长"航程也包括让自己成为心理健康和社交健康的男孩。别担心，在第6章中，我们将探讨如何应对困难，以及如何管理自己的情绪，有礼貌地回应他人。

第 4 章
肚脐以下

好了,我的朋友,是时候讨论一下这个话题了。你知道的,就是肚脐以下的那个私密区域。我们已经提到过几次私密处在青春期会发生的一些变化,但你还需要学习更多的知识,这样你就会知道在青少年时期的旅途中如何保持健康和安全。男孩的外生殖器官包括阴茎以及睾丸(两个悬垂在阴茎下方的椭球状器官)。为了更加礼貌和准确,我们将使用这些术语而不是大量的俗语。

与那些他人能观察到的身体外在变化不同，生殖器的变化是私密的，这些变化只有你自己才能看到、感受到。从某种程度上来说，这是很好的！在生殖器官发育方面，每个男孩都有权保留隐私。阴茎、睾丸和相关身体部位的发育并不是公共事务。不过话说回来，你在学校或家里都可能会接触到青春期的相关话题。从性别及生理卫生教育角度来讲，发育过程中并不是所有的事情都需要保密，但是你可能仍然会被一些比较私人的问题困扰，这就是你拿起本书的原因。好奇心是正常的，我们再重申一遍，知识就是力量。学习有关身体在青春期产生变化的知识总是有益的。所以，让我们一起来深入了解这些知识，看看那些有关生殖器官的常见问题以及那些你有必要知道的话题。

私密处的毛发

我们在第 2 章讲护发的时候,提到过阴毛。阴毛的生长很大程度上取决于基因。阴毛的颜色一般与其他部位的体毛,如眉毛或腋毛的颜色一致。无论阴毛什么颜色,长什么样或浓密与否,保持清洁和修剪阴毛都有助于男孩顺利度过青春期。同青春期其他身体部位的变化一样,男孩阴毛的生长变化也有差异。耻骨是块坚硬的骨头,位于肚脐和阴茎之间的皮肤下面。起初,你可能会看到,耻骨两侧靠近大腿根处长出了细软的毛发,或是靠近身体的阴茎根部长出了粗糙的毛发。你还可能会看到阴囊处长出了一些稀疏的毛发,阴囊就是包覆睾丸的囊状物。男孩会在 12 岁左右开始长阴毛,阴毛完全长出要到 17 岁或 18 岁左右。成年男性睾丸下方、臀部和臀部下方,以及尾骨顶部长出毛发也十分常见。

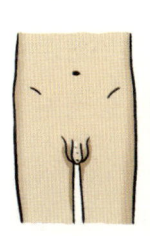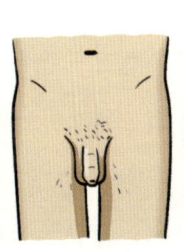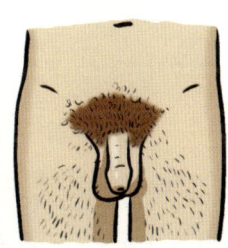

淋浴时，清洗其他体毛的同时也要搓洗阴毛，以保持阴毛清洁。阴毛长什么样与种族和遗传因素有关。通常阴毛都是卷曲的，而且与其他体毛相比，阴毛会更贴近皮肤生长。因此，一定要用肥皂或沐浴露清洗靠近皮肤的阴毛。仔细清洗可以将细菌数量控制在较低的水平，细菌是身体出现异味的罪魁祸首。清洗也能减少毛孔刺激，从而避免皮肤瘙痒。我们这里提到一个术语，叫作"股癣"。股癣是由真菌引起的，温暖的环境适宜真菌的生长繁殖，因此股癣经常发生在运动员身上，湿润多汗的皮肤，紧身的衣服，为真菌爆发创造了完美的条件。而真菌又会引发皮肤破损，股癣的常见症状是生殖器、大腿内侧，甚至是股沟处出现刺激性皮疹。定期清洁阴毛会大大降低出现皮疹的风险。

我们前面提到过修剪胸毛，同修剪胸毛一样，有些男性成年后会修剪阴毛，有些则不会。人们会出于一些不同的原因而修剪阴毛，不过大部分都是出于个人喜好。不过无论如何，修剪阴毛都不是那么的必要。如果阴毛太长，被内衣、护裆或其他衣物缠住或拉住，你可以用小的体毛剪刀快速地修剪一下，让阴毛变短一些，问题就轻松解决了。不过如果你要使用剃刀，那一定要格外小心，因为剃刀容易让阴部发生剃刀灼伤。耻骨处很容易发生皮肤刺激，因为那里很可能被内裤的橡皮筋勒到，在较为温暖的地方也容易发生皮肤刺激，如大腿根部或阴囊这些皮肤与皮肤互相接触的地方。

生殖器官的变化

青春期开始后，男孩的生殖器官会略微增大，但可能并不容易被觉察到。较为明显的变化一般要到 13 岁或 14 岁才会发生，18 岁之后生殖器官会完全发育成熟，在此之前生殖器官的变化可能会时不时地放慢速度。睾丸是最先增大的生殖器官。记得吗？我们说过，睾丸并不是圆球形，而是椭球形。

进入青春期后，在激素的作用下，睾丸开始发挥其主要功能。睾丸负责制造精子，精子是携带男性 DNA 的细胞。还记得第 1 章的内容吗？DNA 包含了遗传代码，它决定了你长成什么样。精子的存在主要是为了生殖，这一点在后面会详细介绍。紧贴睾丸上端及后缘的附着物叫附睾，这里是暂时储存成熟精子的地方，自附睾下端向上有一根直通体内的细小管道。睾丸总是很敏感，所以需要被好好照顾，我们稍后会讨论如何照顾睾丸。

男孩有一个内在的睾丸保护系统。阴囊是包覆睾丸等部件的皮囊。阴囊会在 13 岁、14 岁时增大、增厚。随着

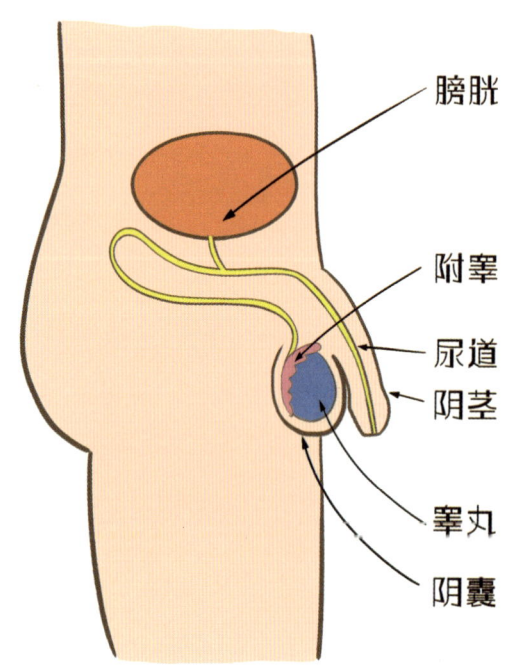

时间的推移,所有生殖器部位的皮肤颜色都可能会变深。精子细胞需要特定的温度才能正常发育。你可能已经知道,人体的温度大约在 37 摄氏度左右。那么,人类的精子生长发育所需的温度比正常体温低 2 度左右。这就是为什么睾丸在体外,而相对的,女性产生、储存生殖细胞的器官在体内。阴囊的皮肤可以收紧,使睾丸靠近身体取暖,也可以松开,使睾丸下降,以远离身体从而降温。这是人体科学,不需要你去动脑筋,你的身体自己就能做到这一点。当你跳进冰冷的游泳池或在温热的夏日阳光下休息时,你可能会注意到这一点。不过，你就不要大肆宣扬了，没有必要告诉其他人这个自然奇迹。

随着睾丸和阴囊的增大，阴茎也在变长、增厚。与睾丸类似，在 12 岁～ 13 岁，男孩的阴茎会发生比较明显的变化，而完全发育成熟大约要到 17 岁、18 岁。也许，男孩们在青春期最常问的问题就是："我正常吗？"就像担心诸如身高、声音或体毛一样，男孩也会担心自己阴茎的长短是否正常。只要功能没有问题，你就大可放心，你的成长发育是没有问题的。千万别忘了，每个男孩都是不一样的。更多关于阴茎的问题，我们后续还会讲到。

平角内裤还是三角内裤？

"我应该穿什么内裤？"这是一个常见的问题，问这个问题，说明你很关心自己和自己的健康。简单的答案是什么？就是你自己选择。平角内裤比较宽松，更像外穿的短裤，而三角内裤大腿根处有松紧带，更贴身一些。甚至有的平角内裤做得很像外穿的短裤，裤腿部分做得比较长。通常情况下，男孩在小时候都会穿三角内裤，但进入青春期后，你可以自行选择穿什么样的内裤。一般来说，可以多做一些尝试，看看自己喜欢什么。两种内裤中间都有一个开口，这是为了让你小便的时候更加方便。你需要的是找到一个合适的品牌以及合身的款式，上面的开口还不能太大，不然阴茎就会从内裤里钻出来。阴茎是敏感的，内裤可以保护它不被牛仔裤和其他衣服粗糙的面料刺激摩擦。

不过实际上，选择平角内裤会更有助于保持睾丸健康。我们刚刚提到过，精子需要特定的温度才能正常地生长发育。对于有生育需求的成年男性而言，健康精子的数量与孕育下一代息息相关。当男人穿紧身内裤时，睾丸的温度会过热。如果睾丸温度比特定温度高的话，那它就不能产生足够成熟的精子，从而导致精子数量下降。平角内裤能够给阴囊适当的空间，使睾丸不至于过热。

当然，这并不意味着你需要立刻改变自己的行为。归根结底，还是要看自己的喜好。不过，你应该时刻为自己未来的健康着想。如果你时常穿三角内裤，就要考虑一个问题，如何让你的睾丸有足够的喘息空间。这意味着你在家或是在外闲逛时，都要穿得比较宽松，特别是在夜间，更应如此。

我应该使用护裆吗?

如果你是运动员,你会注意到市面上有很多可供选择的用于训练以及比赛的运动防护产品。你可不希望在跑步、跳跃或是在做其他动作时,身上总有东西晃来晃去吧。老式的护裆(jockstrap)有点过时了,它们有些有防护杯,有些没有,而且较早的设计中只有前面有防护支撑,臀部是没有布料包裹的。而现在,有很多改良后的产品可供选择。你可以选择运动款的平角内裤,然后根据自己的运动需要插入护裆。这会让你感觉更加舒适,而且也更容易"吸"走身体的汗液,让你在运动中保持清爽。一些运动防护产品甚至含有抗菌材料,能让你免受细菌的侵害。护裆可以在激烈运动中贴身保护你的睾丸。为保持睾丸的健康,你应该尽早做好防护。

什么是勃起?

在青春期,你可能会开始经历更多次不同阶段的阴茎勃起。勃起是指阴茎因充血变得坚硬,进而挺立起来的状态。阴茎放松、柔软的状态叫阴茎松弛。阴茎受到刺激或被唤醒而处于一种兴奋的状态，称为勃起。（勃起在英文中叫作 erection，俚语为 boner，但实际上人的阴茎是没有骨头的。）勃起是正常的，除了荷尔蒙帮助身体成长这个原因之外，勃起几乎可以毫无理由地发生。如果你发现自己被某个人吸引，或者你想到了任何有关性的东西，阴茎也可能会勃起。勃起是健康的，但这并不意味着它们总是适时的。

每天的大部分时间里，阴茎都处于松弛状态。也就是说，阴茎可能也会因为这样或那样的原因而勃起。尽管这是自然的，但它可能会成为一个困扰你的问题，因为你可不希望别人在公共场所注意到你勃起的阴茎。在公共场合应对勃起的方法是：一、尝试重新专注于当前的任务，无论你是在学校还是在家里；二、尝试快速并且私密地将阴茎向上拨向裤子的腰线；三、想办法找个借口去洗手间，让阴茎放松下来。大多数情况下，勃起会在几分钟内消失，所以这只是一个等待游戏。如果你从座位上站起来，会更容易让其他人注意到这种情况。

无论是在青春期还是成年以后，男性都一定会经历夜间勃起。这是健康的，实际上它是你睡眠周期的一部分——在深度睡眠和做梦时，整个身体和阴部的血液流动会随之增加和减少。男孩不一定要梦到关于性的东西，才会在睡觉时勃起，但它们一定也会发生在与性相关的梦境中。在睡眠中，身体可能会释放精液，即含有精子的液体，这就是所谓的夜间遗精，也叫梦遗。这是身体随着睾丸激素的增加而做出的反应。梦遗是健康且正常的，但每个男孩梦遗的次数不一样。有些男孩可能一星期会出现一到两次梦遗，有些男孩可能整个青春期也就经历过几次梦遗。

精液是一种白色的清澈的液体，比尿液浓稠。它是一种富含蛋白质的混合物，可以保持精子的活力。精液会伴随有节奏的肌肉收缩被少量（总量大约只有一茶匙）释放，这一过程称为射精。男性的射精会伴随着愉悦的感觉，称为高潮。

虽然这一切听起来可能很复杂，但这些身体功能都是自动发生的。精液也是经由排尿的管道，即尿道被排出体外。身体的构造十分科学，不需要你做任何思考，身体里的小阀门就能自己做好调节。因此，你不会同时排尿和射精。

有目的地使自己勃起并射精，被称作自慰，它是非常个人的事情，需要单独进行。自慰是健康的，是成年前认识自己身体的一种方式。虽然它并没有什么害处，不过你的个人理念或宗教信仰可能要求你不能这么做。如果你进行自慰，请在私下进行，并且要照顾好你私处的器官。

千万不要让自慰影响到生活中的其他方面，如人际交往、学业等。你应当始终保持生活平衡，这有利于你的健康。

割礼

人和人之间是存在差异的，这种差异也体现在解剖学方面。也就是说，男孩的外生殖器的外观也是不尽相同的，每个男孩之间都存在些许差别。覆盖在阴茎头处的外层皮肤被称为包皮，有时会通过手术切除。在有些文化和宗教当中，男孩要在出生时或出生后几年进行包皮切除，这就是割礼。每个男孩出生时都长有包皮，无论你是否进行了包皮手术，都可以保持清洁和健康。

如果你没有割包皮，包皮覆盖着阴茎头，洗澡时一定要把包皮轻轻拉开，清洁里面的污垢。如果你已经切除了包皮，阴茎头会露在外面，但还是要每天清洗包皮四周。不要使用太多肥皂，并且要冲洗干净，因为尿道——就是那个尿液流出的管道十分敏感，一旦把肥皂弄进尿道里，小便时就会产生灼烧感。

如果你最近并没有把肥皂弄进尿道，但是在小便或其他时候还是有灼烧感，就一定要立即告诉父母，并安排时间去看医生。可能是有病毒或细菌使你的尿路发生了感染。

请务必保护好下体健康。

生殖

生殖是生物体产生后代的过程。对人类而言，它是一个男人和一个女人创造新生命的行为。青春期是男孩获得生殖能力的时期，尽管阴茎和睾丸在青春期结束前仍在发育，但男孩在青春期开始后就具备了生殖能力。也就是说，只要睾丸能够生成精子，男孩就可以进行生殖。虽然这一时期男孩已经具备了生殖能力，但这并不意味着男孩已经做好迎接新生命到来的准备，尤其是心理准备和社会交往方面。

对于恋爱和性行为，或者说性爱，人们需要做出审慎而明智的选择。性爱是指两个人亲密、赤裸的接触。异性之间的性交是指男性将勃起的阴茎插入女性的阴道内。当精液释放到女性体内后，一群精子便会踏上寻找卵子，即卵母细胞的旅途。通常，只有一个精子最终会进入卵母细胞，进行受精（也就是受孕）。这些像蝌蚪一样的小游泳者有一条长长的"尾巴"用来旅行，有一个带有接收器的"鼻子"可以找到卵子。男人的每一个精子都携带着一半的染色体[1]，其中包含孕育新生命的DNA代码。新生命会随着受精卵在女性子宫内的分裂复制这个代码。

勃起和梦遗都是青春期中会发生的健康生理现象，这是男孩的身体在为未来做准备。从现在起保护好你的生殖系统健康吧。对性行为要采取谨慎态度，并做好安全措施。这样，你就可以在成年后再决定组建什么样的家庭。

奇奇怪怪的事实

你知道吗？精子是人体最小的细胞，无论男女。精子长约50微米，1微米相当于1米的一百万分之一，1英寸（2.54厘米）的0.00004倍。精子的头部只有5微米左右，尾巴则占据了身体的大部分长度。一个健康的成年男性射精后，大约有5000万到1亿的精子被释放出来。这些细胞如此微小，以至于一次射精的精液量不过一茶匙左右。

---

[1] 人类正常体细胞染色体数目是46条（23对）。人类正常精子或卵子的染色体数目为23条。——译者注

保持安全及身体自检

男性生殖器被普遍认为是男孩身体最敏感的部位，那里有很多神经末梢，因此睾丸和阴茎在受到碰撞或击打时极易产生疼痛感。不需要多大的力气，就能引发这些部位的疼痛。如果生殖器被打到，你可能要过上好一会儿才能平静下来。如果生殖器疼痛时间长、异常肿胀，或出现任何严重的出血或瘀伤，应当立即去急诊室检查。不要为了戏弄其他男孩而去打或者踢他们的裆部，这绝对不是什么好主意，要像尊重自己一样尊重他人。当你遇到紧迫的人身威胁时，除非万不得已，不要击打对方的生殖器。你可以试着寻找更好的方式来表达友谊和幽默，而不是伤害别人，每个人都会为此感激不尽。

自我检查是了解自己身体、减少疾病风险的健康方式。传染性疾病是指那些具有传染性、可以传播的疾病，包括可以通过性行为传播的性传播疾病（STI）。非传染性疾病不会在人与人之间传播。了解自己，了解哪些性行为容易染病，并经常检查生殖器官的变化，有助于预防这两种疾病。睾丸问题可以通过自我检查及早发现，最好能够在温水淋浴后，通过以下步骤进行检查：

步骤 1：每次用双手捧起一个睾丸；

步骤 2：用拇指和食指稍稍按压，轻轻地滚动睾丸。

步骤 3：注意检查位于睾丸后缘的附睾以及通向体内的管道（精索）。

步骤 4：感受一下睾丸处是否有肿块、大小变化或其他异常的地方。

尽管本章的大部分内容都是极为私密的，但无论何时，只要你对生殖器的健康产生疑虑，就绝不要等待或忍着不说——你应当立即向可信赖的成年人求助。我们将在第 7 章讨论如何求助。

第5章
给身体加点燃料

截至目前，我们已经讨论了男孩青春期身体要经历的所有重大变化。从青少年时期到成年，身体将经历这么多成长和转变，真是太不可思议了！哥们，你看你现在是多么神采飞扬，精神奕奕啊！虽然青春期的许多身体变化是自行发生的，无须采取什么特别的行动，但是你的确可以做一些事情帮助身体更好地成长。营养、运动及睡眠就是有助于保持身体健康的三个主要习惯。其实，这三个习惯并不是什么秘密，但却常常被我们忽视。那么，关于健康三部曲，你应该了解哪些细节呢？本章，我们会详述如何让你感觉良好，并在青春期的航程中保持健康与自信。

营养

人的身体如同一台运转良好的机器，我的朋友。你好比一辆高性能的跑车，有涡轮增压发动机和自动变速箱，有顶级的导航系统，有自动空调、安全配置和巡航定速系统。你的外观看起来也非常不错！你拥有如此多的优点，其中最大的优点是你的燃油效率特别高。

这不仅仅是一个有趣的类比，像发动机或机器需要燃料一样，你的身体需要食物。为了让身体感觉良好、顺畅运行，我们需要恰当并持续地补充燃料，而你的饮食就是身体的燃料。饮食，简单来说，就是我们吃的东西，是我

们每天都要摄取的食物。健康饮食并不意味着要限制食物的摄入,每餐吃得更少或者控制食物的卡路里总量,健康饮食关乎我们对食物的选择,即我们挑选什么食物作为身体的燃料。

通常,你的父母对你每天能吃或不能吃什么拥有最终决定权。你也许不用自己做饭,但你可以在大人去买菜的时候给他们的采购清单提些建议,或者是给他们一些其他的帮助。如果从现在开始你就能注意饮食,那么等到你完全能为自己的饮食习惯负责的时候,你就会有足够丰富的知识,准备也会足够充分。

卡路里及营养素

卡路里是食物的热量单位,你不妨把它当作身体的"燃料"单位。营养素是指我们从食物中摄取的、维系我们生长发育和生存所需的物质。卡路里主要来源于三种营养素:碳水化合物,蛋白质和脂肪,它们也被称作宏量营养素。碳水化合物主要来自食物中的糖和淀粉,它的主要作用是为身体提供能量。碳水化合物,简称碳水,还能帮助大脑和消化系统正常运转,每克碳水化合物可以为我们提供 4 卡路里的热量。

蛋白质是由氨基酸组成的聚合物，是细胞、组织和器官的重要组成部分。蛋白质能够帮助肌肉、血液和免疫系统正常运作，每克蛋白质也能为我们提供 4 卡路里的热量。

食物中的脂肪常常名声不好。不过，食物中含有大量的健康脂肪，这些健康脂肪也是我们身体必需的。脂肪能够帮助细胞生长、御寒保暖、促进维生素吸收、维持心脏健康。每克脂肪可以为我们提供 9 卡路里的热量，所以，脂肪也为我们的身体储备了大量的能量。

碳水化合物、蛋白质和脂肪这些宏量营养素能为我们提供卡路里。此外，在维生素、矿物质和水的配合下，宏量营养素能够让我们的身体正常运转，并完成每日的学习及工作。我们希望健康长寿，就需要养成良好的习惯。习

惯是长期实践的行为,花一些时间培养健康的饮食习惯,能够让你健康地度过青春期以及今后的人生。"了不起的成长"中有一部分就是说要培养自尊和维护自尊,而自我尊重又包括照顾好自己的身体。因此,你应该了解并关心自己每天摄入的食物。

五颜六色的餐盘

政府机构以及营养学会都会为健康饮食提供建议。通常,好的食物被称为健康食物,因为它们对健康有利。健康饮食并不意味着失去吃饭的乐趣,恰恰相反,它能给我们带来许多快乐,还能让我们的身体处于最佳状态。

首先,你要时刻考虑自己有无食物过敏或特殊饮食偏好,如素食主义(vegetarianism)或纯素食主义(veganism,不吃肉类和所有动物食品)。如果你有个人饮食禁忌或其他方面的考量,一定要听听医生和营养师们的饮食建议,并尽可能保证你的食物丰富多样。健康饮食并不意味着你非得逼自己吞下不喜欢的食物,或者非要忍受寡淡无味的饭菜,可口与有益健康之间并不矛盾。

另外,我们不要过于纠结食物的分量及卡路里,而是应该侧重于食物的多样性。我们可以在餐盘中放入五颜六色的食物，让每一餐变得丰富起来。我们的一大目标是保证每一餐的食物中有一半是水果和蔬菜，另一大目标是食用全谷物（whole grain）食品，如全麦面包、玉米饼、糙米。

让我们一起来看看关于五颜六色食物的小知识吧：

红色： 红色食物对心脏、皮肤有益，还能增强免疫力。红色食物包括苹果、红辣椒、西瓜、西红柿、葡萄、草莓等。

橙色： 橙色食物可以保护眼睛，并有益于免疫系统和循环系统健康。橙色食物包括橘子、胡萝卜、红薯、橙色辣椒、桃子、哈密瓜等。

黄色： 黄色食物能够促进细胞生长。此外，黄色食物还可以保护眼睛和保持心脏健康。黄色食物包括柠檬、木瓜、玉米、菠萝、黄椒、芒果等。

绿色： 绿色食物能够改善骨骼、免疫系统及生殖系统健康。绿色食物包括菠菜、鳄梨、西兰花、西葫芦、生菜、绿豆等。

蓝色和紫色： 蓝色和紫色食物有助于组织的修复、改善循环系统和控制疾病。蓝色和紫色食物包括蓝莓、紫甘蓝、李子、黑莓、茄子、梅子等。

其他： 如果你还能吃得下，可以再食用些奶制品，如牛奶、酸奶、奶酪。你也可以选择牛奶替代品，有些人就喜欢喝杏仁奶。另外，在选择奶制品时，要尽可能挑选含糖量少的。

在书后"资源介绍"部分，有更多有关营养和饮食的资源推荐。

小心高盐高糖陷阱

我们都尝过糖的滋味，真是太美妙了，对吗？千真万确。那盐呢？盐的味道也好极了。但是，你可千万别狡辩说你可以把红色的小虫软糖、橙色的奶酪球、黄色的薯条和蓝色的果冻糖这些五颜六色的东西装进盘子，再配上一杯绿色的苏打水饮料，让它们来一次肠胃冲浪。千万别这么做，这绝对不是什么好主意！为了饮食健康，我们除了多食用水果、蔬菜和全谷物食品，还需要限制在食物中添加过多的糖和盐（主要成分为氯化钠）。吃高糖或高盐食物时，我们也许会很开心。不过，在摄入过多糖分的几个小时内，身体往往就会出现问题。在吃了一顿高盐食物后，我们往往会感觉脱水。糖和盐吃多了都会影响你的循环系统，让你的身体感觉更糟。

到了青春期，你可能会获得更多自由，也有更多的时间与朋友相处。这意味着你有了更多吃快餐的机会，或者在学校买垃圾食品，或者外出闲逛时买些小吃。一定要管住自己的嘴巴！养成坏习惯很容易。

我们不要选预包装食品。尽管这只是一般的经验法则，但新鲜、天然的食物还是要比加工食品更健康。预包装食品一般指的是装在袋子和盒子里的食物，比如薯片、糖果、饼干、麦片。这些食品往往是经过加工的，这意味着其中会添加让口感变得更好的糖、盐和其他调味剂。产品一般都是零食、甜点和汽水。为了更好地进行市场营销，厂家可能会在产品中添加维生素或某些水果成分，并大肆鼓吹。但是，即便是果汁饮料，也会额外添加糖。举个例子，苹果是碳水化合物的绝佳来源，含有人体可以利用的天然糖分。然而，苹果汁饮料的含糖量可能和汽水一样多。

别闷闷不乐了，朋友！限制食用含添加剂的食品和加工食品，并不代表你永远不能吃这些东西。少量食用零食和甜点是没问题的，但零食不能代替一顿完整的正餐，甜点也不必每天都吃。大脑和身体的其他器官知道，吃饭是令人愉悦的。咀嚼和吞咽的动作在进食过程中发挥着很大作用，能让我们的身体和心理得到满足。此外，吃饭是绝佳的社交聚会，我们可以和家人、朋友聚在一起，互相交

食物过敏及其他特殊饮食要求

食物过敏十分常见。你和家人可能已经向医生了解过你是否对一些食物过敏。这些食物包括花生和坚果、乳制品或乳糖、海鲜。其他许多食物也会引起食物过敏。有些人小时候不过敏，长大了会对某些食物过敏。有些人为防止过敏，会避免食用含有过敏原的食物。如果你对某些食物过敏，在用餐时要开诚布公地说出来。保持乐观和自信，不必在意自己和别人在饮食上有什么不同。让朋友们知道你对某些食物过敏是十分必要的。如果有人问你是否想吃某种食物，而它恰好会引发过敏，你可以坦诚地回答："非常感谢，但其实我对这种食物过敏。我可以尝尝其他的吗？"有些人可能会问这问那，你只要坚持你的原则就好。某种食物会引起过敏，你就需要避免食用。在日常生活中，一定要严格检查食品标签，查看是否含有过敏原，多多了解哪些常见食物或食品可能致敏。如果你是素食主义者，外出就餐或参加聚会时，有必要提前告知组织活动的大人，这样他们就能早做准备，满足你的用餐需求。

流有趣的思想、感受和情绪。我们的身体能够分辨那些最能满足我们能量需求的东西，这就是与零食或营养补充剂（如饮料、粉末和药片）相比，真正的食物往往会获胜的原因。一旦你意识到食物是身体的燃料，你就会注重饮食健康，同时依旧能享受每一餐。当你感到无聊时，不要去翻冰箱或橱柜。你可以试着在家人做饭时当一个好帮手或者做一些其他的事情，而不是去突袭厨房。需要更多缓解无聊的办法吗？请看下一节关于运动的内容。

运动

青春期成长过程中，运动是你管理自己身体的最佳方式之一。爱运动的孩子将成长为爱运动的青少年，爱运动的青少年将成长为爱运动的成年人。活泼好动是每个孩子的天性——我们都知道孩子们是爱跑爱跳爱玩的。现在，你可能已经有一些喜欢的体育运动，不过也不要放弃探索新的运动项目，你可能会找到既有趣又有挑战性的新运动。

体育锻炼对成长中的青少年大有益处。有规律的运动能够维持肌肉、平衡体脂、强化骨骼，进而促进健康、保持体能。运动有益于大脑健康，能够改善记忆力、调节情绪、提高学习成绩，还能预防疾病。运动也是青少年时期

重要的社交活动，青少年可以通过体育锻炼和户外游戏结交朋友、维系友情。在青春期里，运动能为大脑提供氧气，帮助荷尔蒙发挥作用；可以让血液流向四肢，促进身体发育，对抗生长痛；也可以缓解压力和不良情绪。你看，每天去运动的理由真是不胜枚举！

　　最后一个能让自己动起来的理由是运动有助于睡眠。运动，甚至是早上进行的运动，都能让我们入睡更快，睡得更沉、更香。在本章后续部分，我们将着重介绍睡眠的作用以及青春期男孩需要多少睡眠。

对于青少年，每天进行 60 分钟的体育锻炼就是合适的运动量，你可以一次性完成，也可以在几小时内累计完成。锻炼的强度应该足以让心率达到这样的程度——如果你暂停并安静几秒钟，你仍然可以感觉到心脏怦怦地跳动。有一些特定的心率监测方法能够帮助检查你的运动强度是否合适。

运动项目

你觉得自己是一名运动员吗？也许，你只是单纯喜欢运动和锻炼。你不一定非要在某项运动方面表现突出，才觉得自己有运动天赋。运动能力可以通过不断练习得到加强，相信你一定知道这一点，这正是运动的魅力。通过力量、体能和技巧的训练，任何人都能在某项运动中取得进步。你在一项运动中获得的运动能力，往往会迁移到其他运动中。无论你做什么运动，都会对你的协调性、速度和灵活性有所帮助。不过，要对运动保持开放心态，因为可能你小时候很擅长某项运动，但到了十几岁反倒没那么擅长了。交叉训练有助于整体运动技能的发展，所以不妨多

尝试一些运动。一定要听从教练的指导！如果你想在运动上有所提高，倾听并应用所学，会让你受益匪浅。失败只是一时的，它可以给你提供一个学习和适应的机会，所以不要害怕失败。

你需要根据不同的运动项目选择相应的运动装备、服装或安全护具。这可能包括日常的运动服、运动内衣（就像我们在第 4 章中详细介绍的那样）。除了护裆杯或运动护裆，你还需要依据自己的运动项目考虑选择什么样的安全护具。你可能需要鞋或鞋垫、运动护齿、头盔、运动胶带、护膝、护肘或其他身体护具。你还应根据自己的视力选择适合的运动眼镜。

非运动项目

锻炼身体不一定非得参加有组织的体育运动，最棒的一种健身方式就是和朋友们一起做一些有趣的户外游戏。有的社区里有公园、游乐场和室内健身房。你们也可以找一块空地或去邻居家的院子里玩各种游戏——扔球、踢球、捉迷藏、夺旗游戏，或者组织一个有点难度的小型障碍赛。你们甚至可以在家附近的各个地方赛跑（当然，要确保道路周围是安全的）。也许，你十分喜欢音乐，独处或与朋友一起的时候，不妨随时放一些你最喜欢的音乐，然后动起来。你不必非要做一个好的舞者，只要蹦蹦跳跳就可以了。或许你会伴着音乐去跑跑步、爬爬树，或是做一些傻乎乎的动作让自己释放一些能量。这些都可以，不过一定要对家人和周围的人保持礼貌。你喜欢音乐和做一个文明礼貌的年轻人并不冲突。

睡眠

健康三部曲的最后一部分，或许也是自我保健最重要的环节，就是睡眠。睡眠不是为体弱的人预备的，而是为强壮和聪明的人，为有自驱力的人，为运动员、音乐家、艺术家、作家和科技人员，为每一个关心自己健康的人预备的。睡眠至关重要，没有任何事情可以代替它，绝对没有。例如，打个盹儿并不能替代一整晚的良好睡眠；周末补觉是无济于事的，你不能前一晚睡 5 个小时，后一晚睡 12 个小时，还能指望自己感觉良好。你无法弥补失去的时间，没办法像存钱那样把所有的睡眠都集中起来，也不能一旦负债就打欠条。你这一天要么是睡了个好觉，要么就没有，而且再也无法补救。

在睡眠中，身体和大脑都可以得到放松和恢复。不仅如此，夜间休息时，身体还会发生一系列的自然反应——肌肉细胞和结缔组织都会得到修复；大脑和中枢神经系统会巩固记忆，把你白天学习的内容一一归档。睡眠期间，多种激素会共同作用，促进身体生长发育，尤其是在青春期这段时间。你可能会注意到，跟之前相比，自己在青春期会更容易感到疲倦，这是因为你的身体正在消耗大量的能量。你想让你的身体发挥最大功效，对吗？那么一定要把

睡眠列为优先考虑事项。

考虑到以上种种因素,你会发现充足的睡眠并不意味着一个男孩缺乏自驱力,或者说他会因为睡眠而损失什么。对于你的健康而言,太多的工作和太少的身体修复时间绝对是一对糟糕的组合。你说自己学习刻苦、工作认真,晚上都没时间好好睡觉了。这听上去或许是说自己像条硬汉,

你并不孤单

85%的青少年每晚睡眠时间少于建议的8~10小时。超过90%的青少年在睡前一小时会接触电子产品。随之而产生的问题是,屏幕或电子设备的光线会影响身体的荷尔蒙做出正确的作息判断。如果你有睡眠问题,那这种情况绝不仅仅发生在你一个人身上。近17%的青少年符合失眠症(晚上难以入睡)的临床诊断。为了提高睡眠质量,请你限制糖和咖啡因的摄入,全天限制屏幕使用时间,特别是睡前。如果你有任何睡眠问题,一定要去向医生咨询。

或者你会因此而感到安心,但这种行为会导致身体最终面临崩溃。平衡好工作和睡眠至关重要,学业和爱好是必要的,睡眠时间和休息同样不可或缺。睡眠有助于生活的方方面面,当然也包括身体、精神以及社交健康。

睡眠需求

我们能够肯定,睡眠是日常生活中不可或缺的一部分。但究竟睡多久才好呢?虽然睡眠需求因人而异,但大多数青少年每晚需要8至10小时的睡眠才能精神饱满。正在经历青春期的男孩为了让自己每天都精力充沛,应该达到9个小时的睡眠目标。睡多一点或少一点取决于你的年龄、你独一无二的大脑和身体,以及你每天的活动水平。在9岁时,你每晚可能需要睡够大约11个小时。到了18岁,你可能只需睡上8个半小时就能元气满满。可以肯定的是,你不能回避睡眠需求。所以,闭上眼睛睡个好觉吧!

然而,青少年平均每晚只睡7个小时。在当今这个快节奏的社会里,7个小时的睡眠时间可能听上去觉得也够了。但实际上,这可能导致长期睡眠不足,即所谓的慢性睡眠剥夺。睡眠剥夺意味着一个人睡眠不足,并会因此产生健康问题。哪怕每天只缺一个小时觉,也会让你更加易怒和冲动。同样,睡眠不足也会导致安全问题。

哪怕第二天你并没有明显的困意,但只要睡眠时间损失一点儿,就会影响你的反应速度、抵御感冒和流感等感染性疾病的能力,以及在学校作业、运动和音乐方面的表现。保证每晚有充足的睡眠,有助于让你保持警觉,提升解决问题的能力,甚至有助于增强你的自信心。在青春期和成年后,让自己保持健康的最佳办法是每天晚上准时上床睡觉,每天早上准时起床,不管是周几。

如果你翻来覆去睡不着觉,不要看钟,甚至不要数羊。你可以通过限制糖、咖啡因、夜间运动以及睡前的屏幕时间来改善入睡困难的问题。当你躺在枕头上,设法把注意力集中在一个积极正面的想法上,不要有其他多余的想法。让思想游离听起来好像是一个让自己睡着的好主意,但实际上,这会让大脑保持清醒。你要做的是放慢呼吸,想想当天发生的某件开心的事,或者即将发生的某件事情。对了,说到睡眠,还要记住一点,那就是几乎每个人都会做噩梦。噩梦是大脑防御机制的一部分,是一种学习和自我保护的过程。虽然你无法避免做噩梦,但可以通过养成稳定的睡眠习惯、控制压力和焦虑,来减少做噩梦的次数。我们将在第6章更深入地探讨情绪这一话题。

奇奇怪怪的事实

食物的卡路里和食物的体积并没有什么关系。100卡路里的西兰花可以装满一个大碗,而100卡路里的奶酪看起来像4个骰子。

锻炼不仅是为了身体更强壮,还可以让你的记忆力更加敏锐。有规律的锻炼对大脑是一种良性刺激——它能促进新神经元(一种脑细胞类型)的生成,帮助我们更好地进行脑力活动。

睡眠不仅仅是为了休息,身体所有的修复工作都在夜间进行,睡觉实际上比看电视消耗的卡路里更多。

第 6 章
情感及友情

毋庸置疑，青春期是身体成长发育的阶段。但生活远不止于此，在青少年时期的旅程中，你不仅仅会经历身体的变化，还会经历其他变化。通常情况下，我们可以将生活中的事物层层分类。说到健康，我们可以把它分为三大类：身体健康、心理健康和社交健康。这样，我们就能根据需求具体讨论不同问题，也能够让我们能够更加深入地了解自己。我们已经用了很大篇幅探讨青春期男孩的身体发育变化，接下来我们将进一步探讨这一时期男孩的心理健康和社交健康。

情绪波动及其他问题

在第 1 章，我们提到过，荷尔蒙会促进你在青春期的生长发育。记得吗？荷尔蒙是体内释放的化学物质，有点儿像信使，它们不需要你去做什么或想什么，就能控制并协调内脏器官正常运转。荷尔蒙是由人体的内分泌系统分泌的，而大脑中的脑垂体是人体中最重要的内分泌腺。在青春期里，脑垂体会促进身体的生长发育，也在之前提到的一系列身体变化中发挥着重要作用。不过，它还会导致我们的情绪发生变化。在青春期，就像你的身体一样，你的心灵也需要适应所有新的荷尔蒙变化。

由于荷尔蒙的变化,你可能会感觉到情绪起起落落,我们把这种情况称为"情绪波动"。高低起伏的情绪好比大海里的浪涛,会让你的青春期航行较为颠簸。你可得撑住了,船长!你可能上一秒还挺高兴,下一秒就无缘无故地感到伤心,可能还会生气,冲别人大喊大叫,或者哭泣。这可能会让你感到困惑,但首先要明白一点,这并不是你的错。荷尔蒙会在青春期里与身体不断磨合,与此同时,你也要做好心理准备,那就是你可能会变得过度敏感、易怒、善妒,或与朋友和家人疏远。你也可能觉得有时候自己会莫名其妙傻乐、亢奋,或是在不恰当的时候犯傻。我们接下来谈一谈应对情绪起伏的技巧。

正念

有些措施可以帮助你管理情绪。首先要做的是:在情绪激烈的时刻,后退一步,试着用不同的视角来看待自己的生活,试着把正在发生的事情当作是电影一样,像个局外人似的看自己。这的确很难做到,尤其是在沮丧和烦恼的时候,但如果你能在任何时候承认自己当下的感受,这就是所谓的正念。

正念意味着要活在当下,也就是说你要关注"此时此刻"，而不是纠缠于过去或担心未来。它还意味着你要关注周遭环境，比如你的学校环境、卧室环境，或者社交环境和周围的其他人。关注环境可以帮助你决定该如何管理自己的情绪，因为你需要考虑每个独特情境下的行为后果。如果你在朋友家情绪失控大喊大叫，那会让你看起来如何？如果你在公共场合与父母争吵，就会引来一大堆旁观者，这是你想要的结果吗？

最后，正念意味着要说出自己的感受，但不要自我评价。如果你觉得生气和烦恼，那就生气吧；如果你感到悲伤和失望，那就悲伤吧。一方面，情绪是我们无法控制的，它来得特别快，可能在几秒钟到几分钟内就会发生；另一方面，对于情绪，给自己一些时间，像看电影一样审视自己的情绪。如果你能专注当下、考虑环境，并认识到自己的感受，那么你就能有效应对情绪。

应对技巧

接下来，我们会介绍一些十分必要的脑力锻炼，它们是应对情绪波动和压力的技巧。

全神贯注时间：集中精力去设定一项目标或完成一项挑战任务。

举例说明： 头脑风暴一下本周的小期望；寻找鼓舞人心的名言；列出即将做出的决定的利与弊；写出你所具有的优势；找出自己的一些弱点；制定下个月的行动计划。

创意时间： 做一些具有自主性和创造性的活动。

举例说明： 写作、画画、唱歌、跳舞、表演、摄影、演奏乐器、编一个可以和大家一起玩的游戏。

社交时间： 与他人的社交时间。

举例说明： 做一个风趣幽默的人；与你信赖的人交谈；给你关心的人写一张纸条；与朋友或家人共度一段自在的时光；照顾宠物或与它们玩耍。

运动时间： 运动不仅能舒缓情绪，还能增强我们的毅力。

举例说明： 锻炼或在户外玩耍，练习一项运动，拉伸，散步，做一些庭院劳动；玩一些有趣的棋类游戏。

放松时间： 通过听音乐、看电影或玩游戏让自己放松、减压。

举例说明： 听音乐；玩半个小时你最喜欢的电子游戏，或者看半小时的电视节目让自己放松一下；在没有家庭作业的晚上看场电影。放松时间应限制在每天 90 到 120 分钟。

静心时间： 安静的反思有助于设定未来的目标。

举例说明： 阅读、祈祷或冥想；静静地打扫或整理房间；洗个热水澡；在床上或户外做白日梦。

睡眠时间： 睡眠能让我们消除疲劳、恢复体力，巩固学习记忆。

举例说明： 睡前专注于呼吸；制定严格的"熄灯"时间；在日历上记录你连续多少天睡眠时间达到 9 小时以上。

分享就是关爱

每个人都有自己的烦心事。如果你曾经被糟糕的情绪裹挟，或者经历过让你备感挫折的社交问题，请牢记一点，你不是唯一遭遇这些困难的人。然而，难点是你不一定能见到或听说其他需要应对心理和社会挑战的男孩。有些奇怪是吗？因为心情、友谊和爱慕大多存在于头脑中。当然，我们的思想、感觉和情绪会转化为行动，但大部分都是看不见的。你不会看到别人生活里的每一个细节，反之亦然，他们也不可能知道你到底发生了什么事。

如果你被不良情绪困扰，或者情绪起伏大到似乎失去了平衡，那么沟通能帮助你有效控制情绪。有些事情不说出来也没关系。毕竟，像身体存在隐私一样，情绪也存在隐私。你可能比较享受安静的个人独处时间，但如果情绪上有什么不对劲或情绪失去控制，你得知道可以找谁倾诉。与父母或可信赖的成年人建立沟通渠道，他们是站在你这边的，也会愿意倾听你的感受。有时候，我们只是需要一只倾听的耳朵；有时候，我们可以求助于专家，他们能给予我们最好的指导。记住，把自己的感受清楚地说出来对缓解情绪十分有帮助，这样做其实很勇敢，很有男子气概，因为你在努力了解自己的感受，从而成为更好的自己。自我尊重和有效沟通会促进我们的社会交往，因此沟通是"了不起的成长"中非常重要的一部分。

书后的"资源介绍"部分的内容可以帮助你！一定要找个时间看看这些内容。此外，和遇到其他问题一样，记得向医生咨询，寻求进一步帮助。

奇奇怪怪的事实

许多事情都会影响我们的心情。饮食，室内或户外的活动时间，整洁或杂乱的卧室，屏幕时间，甚至梦境，都会对我们的情绪产生影响。你知道颜色会引起情绪的变化吗？例如，蓝色给人平和、安静的感觉，红色让人感觉温暖、舒适，而绿色则会让人产生健康和好运气的心理联想。

流水般的友情

你有时可能会想，我和现在的这群朋友真的志同道合吗？有这种想法很正常。到了青春期，我们的友情可能会发生变化，因为人是会变的！不要害怕改变，我们每个人都会长大成人，变得和小时候不一样。随着年龄的增长，你在改变，你的交友选择也会随之变化。

小学毕业以后，在中学阶段，你的兴趣爱好也会发生很大改变。初二时的喜好会和五年级的喜好不一样，到了高三你的喜好又会发生变化。你所喜欢的体育项目、课外

活动、兴趣爱好，甚至学校里的科目，都可能与现在朋友们喜欢的很不一样。因此，你身边的朋友也会随之变化。这是正常的，事实上，这也很令人兴奋。你不仅可以拥有一帮老朋友，还能结交到一群新朋友，这真是件开心的事。

沟通是打开心扉的钥匙

一个与大家步调一致的方法就是沟通交流。当面交流、发信息、打电话，或者在网上交流都可以。即使朋友搬家了，你们住得没有以前那么近，当今的科技还是能让我们时不时地聊聊天。如果你发现自己与朋友意见不合，或是你们之间争论不断，就需要试着用正念法让自己从更宏观的角度看问题。比如，你们的分歧是在什么情况下产生的？大多数事情都是可以顺利解决的。又比如，真实情况比看起来更严重？那你就可以跟朋友做一番推心置腹的谈话。如果你需要做艰难的决定，改变你的交友对象，沟通依旧是最有效的方式。干脆利落地说，你选择和其他朋友一起出去玩。这既是对对方的尊重，也是对你自己的尊重，尤其是当"所谓"的朋友强迫你做些你不情愿做的事情时。一个真正的朋友不会强迫你做任何有损诚信的事情，诚信是生活中的信念和道德准则。

自然而然的友情

有时候,交朋友是一个自然而然的过程,不需要你去刻意做什么,而有时候则需要我们去主动社交。以下是几个男人对友情的回忆,他们曾经有过和你相同或类似的处境。

小时候,我经常搬家,所以我总是需要去寻找新的朋友。运动和爱好能让我和朋友之间建立感情纽带。志趣相投有助于发展友谊,我至今仍然很珍惜和朋友的友情。

——克里斯

大约在12岁的时候,我第一次与核心朋友圈之外的朋友建立友谊。我发现不同的朋友圈子兴趣爱好多种多样,这种经历太酷了。努力做自己,坚持做自己喜欢的事情,新的朋友们就会出现在我的身边。

——杰夫

当我搬家的时候,我发现,任何一个愿意和我这个初来乍到的孩子说话的人都有可能成为我的朋友。这让我保持了开放的心态,可以和各种各样的孩子成为朋友——我没有固定的玩伴或小圈子,真的。我经常能为不同类型的人搭建起沟通的桥梁。这种技能会一直伴随你,而且等你成年后它会派上大用场。

——卡皮尔

如果你想维系一段友情，然而这段友情却濒临破裂，这的确会让你伤心难过。我要重申一次，沟通是打开彼此心扉的钥匙。尽量直截了当地询问朋友最近怎么了，以及你们的关系是否可以改善。此外，又是老生常谈了，你可以找一个信得过的成年人，看看是否能从他那里得到帮助。不过，最终的结果可能并不如意，你们的友情难再挽回。尽管如此，还是要保持善良的心，兄弟。即使你们分道扬镳，也还是要尊重对方。

你的航船由你掌控

你永远是自己航程的船长，因此你能支配自己的船员，这对你来说是件好事。伙计，我当然不是说你能支配其他人，我的意思是说，你可以随时选择自己的朋友。基于你积极主动的个性，你可以决定要跟谁待在一起。想一想你愿意与之相处的人，他们身上到底有哪些你所珍视的品质，比如值得信赖、具有幽默感、靠谱、诚实或具有同理心。同理心的意思就是能够设身处地理解他人的感受。寻找船员的过程有时会一波三折，有时会一帆风顺，但在你的青春期旅程中，能够有朋友可以依靠，你所做的一切都是值得的。

不只是朋友

在目前这个年纪,你可能会希望跟他人建立超越普通朋友的关系。对他人产生爱慕之情是很自然的事情,尤其是在青春期后期。一些男孩可能会对他人心生爱慕或者希望与他人建立深层次的关系,而另一些男孩可能会在感觉合适的时候尝试约会。即使你没经过太多思考就喜欢上一个人,这终究也是你对人生的一种选择,是你自己的选择。想还是不想和他人建立一段关系,你拥有最终的决定权。

对他人的爱慕也分几种,比如精神上的吸引,情感上的吸引,或是身体上的吸引。你可能发现自己对另一个人感兴趣,是因为你珍视她的想法,或是你们有共同的爱好,或是你认为她样貌不错,或是你们有着相似的感觉,或是

你们喜欢以亲密的方式进行交流。这一切都需要花些时间来弄清楚，你可能无法全面了解一个人，除非能够和她每天互动交流，这样持续几个月，才能对她多一些了解。可是即便如此，你也没有理由急于求成。

必须征得同意

你永远不要因为受人逼迫而妥协，进入一段自己不愿意进入的关系。如果受到了逼迫，你要懂得自我尊重，学会设置边界和要求别人征得你的同意。同意就是许可某人做某事。在一段关系中，同意包括两个人对做某件事情达成一致。同意是你和另一个人进行任何身体接触和情感交流的基础。例如，如果一个朋友告诉你，你应该和某个特定的人约会或出去，如果你感觉不对，那你就不必同意。如果你约会的人想牵你的手或与你接吻，而你还没有准备好，那你就不必这么做。同样，同意也意味着你不要给别人施加任何压力。千万不要以为自己可以和对方进行身体接触，要弄清楚对方的想法，如果她没有明确表示同意，答案就是"不"。你的身体是你自己的，其他人同样如此——他们对自己是否愿意做某事有最终决定权。即使过去你们就某件事情达成一致，也不意味着下次再做同样的事情时就不需要征求对方的意见。同意是一种尊重，而清晰有效的沟通在其中起着重要作用。

你可以在"资源介绍"部分找到更多关于"同意"的信息。

我应该说些什么吗？

父母可能会对你的约会给出一些建议，或是直接表明他们的态度：赞成还是反对。有时，朋友和家人会在男孩暗恋某个人或想要与某个人约会的时候，制造一些麻烦。他们可能会和你开玩笑，问你有没有可能约到对方。大多数情况下，这些玩笑只是无伤大雅的调侃。当然，这可能会让你觉得有些厌烦，但如果这些话没什么恶意又很有趣，你就别把它放在心上了。也许，你可以略带嘲讽地回应一下："问我准备好吃枣子[1]（约会／枣子,date）了吗？不，我还不饿，不过谢谢你的好意！"还有，就是你随时要小心有些人会想要从你那里打听某个人的事情，他们可能会给你带来困扰。

勇敢地站到你喜欢的人面前，可能会有美好的结

---

[1] 在英文中，date既有约会的意思，也有枣子的意思。——译者注

局……也可能被拒绝。向某人表白是勇气可嘉的，不过你要知道表白后，你的感情并不一定会得到回应。有一种办法就是等待你们的关系自然发展，可以在等待的时间多了解一下那个人对你的感情。不过守住心头的秘密会很困难，所以你可能会选择让她知道你的想法。这可能会改变你们之间的友谊，也可能不会；你们可能会约会，也可能不会，这就是事情发展的走向。每个人暗恋或爱慕的境遇都是不同的。不过，你可以建议大家一起出去玩，这总错不了。如果你真的喜欢她，这就是你想要的——你们有更多的时间投入到两个人都喜欢的活动中。无论是否表白，如果你的感情是坦诚而真实的，等到时机成熟，你都会知道如何做出正确的决定。

第7章
家与其他安全港湾

我们即将结束青春期的探索,而你将继续经历"了不起的成长"。需要注意的重要一点是,即使你的航船由自己掌舵——你是需要完成青少年期航程的船长,但你还是需要有船员的帮助和支持。

生活中,我们既渴望私人的生活空间,又向往公共生活,我们总是在二者之间寻求平衡。无论在青春年少时还是长大成人后,人们都会时而需要社交时间,时而需要独处时间。了解怎样做才能达到健康、合适的状态,对你十分有益。

我们曾经提到过,青春期男孩应该享有隐私权,但男孩们同样应该知道,他们并不孤单。当你有需要的时候,有人会关心并帮助你。不只是你的朋友们,你的家人和其他值得信赖的成年人同样能够帮助你。

以下是一些办法,能帮助你在保护隐私和维持社会关系之间保持平衡,尤其是在目前这个人生的过渡阶段。

找到友善的耳朵

每个男孩都需要知道去哪里寻找智慧，同时又能保护自身安全。虽然书籍、网站和其他资源都可以成为你获取信息的有用工具，然而它们只是工具。大多数情况下，为了在青春期获得最好的支持和最准确的信息，你需要的是一个真实的帮手。而谁又是最佳人选呢？就是已经经历过青春期的人。所以，他们并不会是你的同班同学或同龄朋

友。如果你打算与朋友沟通交流青春期的一些感受或一些共同的变化，这没问题。然而，如果你有更大的问题或顾虑时，你最好的求助对象是年长的家庭成员，或其他可信赖的成年人。

谁是你生活中可信赖的成年人？这要由你来决定。可能是父母、亲戚、家庭朋友、老师、教练、医生或学校护士——你甚至可能认识不止一位值得信赖的成年人，关键是他们必须是可靠的、可信赖的。你们已经互相认识了一段时间，并且建立了信任关系，对方让你可以放心地寻求帮助。有时你只是问一个简单的问题，有时你们之间会有一段更为私密的对话，有时这可能相当容易做到，有时这会令你略感尴尬。尽管如此，这个人可以并且也会为你提供帮助。请记住，他并不会帮你保守秘密，而是会告诉你应该知道的事情，为你提供所需要的资源。

不要把事情想得太过复杂——为了有效沟通，你只需要做一些简单的事情。首先你要大胆开口！你可能希望进行一段较为私密的对话，不妨试着这样问："嘿，我只是想知道你什么时候有时间，我想私下问你一个问题？"通过使用"私下"这个词，这个成年人就会知道这是私人的事情，当下他可能就会抽出一些时间解答你的问题。如果不能，他们至少会告诉你去哪里聊天更为合适。成年人明白青春期的潜在压力，所以不要担心会尴尬。做自己，直截了当地说出你的问题或需求。成年人也只是长大的孩子，我的朋友。

你有隐私权

你可能会感到困惑，真是奇怪，自己的家人好像是世界上最讨厌的人。但是，无论怎样，你还是愿意为他们做任何事，而他们也愿意为你做任何事。如果你对自己足够坦诚，你知道这是真的。你的身体里流淌着他们的血液，你们骨肉相连。记住，你可以拥有自己的隐私，但千万不要把最爱你的人拒之门外。你得在二者之间找到平衡点。

这本书里有几个反复出现的主题，如：知识就是力量，了不起的成长意味着要学会自我尊重。而在最近的章节中，我们不断提到沟通是关键。这里我再次重申，要与家人有顺畅的沟通渠道，这样他们才会知道你看重自己的独处时间。在青春期里，荷尔蒙的波动会影响你的身体和情绪变化，你可能真的发现自己想要更多的独处时间。看一本好书、一场电影，玩一款游戏，听一首你最喜欢的歌曲，甚至是做一个白日梦都可能让你感觉完美，让你完全放松。你有权利享受独处时光，不过，要向自己的父母和其他家庭成员说明你在做什么,最重要的是,你要说明自己会在短暂的放松后回到他们身边。休息 20~30 分钟可能就够了。你要好好跟家里的人解释。学习沟通交流是年轻人成长过程中的重要部分,它也能让家庭成员更尊重你的私人时间。

另一个关于隐私的内容我们在上一章讨论过,那就是同意。提醒一下,同意意味着许可某人做某事。同意是学习尊重的另一个好办法。同意也包括自我尊重,你是自己身体的主人,别人是否可以、何时可以触碰你,这些都由你来决定。不过,要保持对家人的礼貌。亲戚们的拥抱和亲吻很常见,但你完全可以选择接受或拒绝,决定权在你。你可以对自己诚实,同时又对别人保持善意。如果某个行为让你觉得不舒服,你完全可以说:"对不起,搭搭肩膀就好了,这会让我感觉更舒服一些。"或者你可以这么说:"我现在不太想拥抱,我们来个碰拳礼好吗?谢谢你。"如果有人越界,让你感到不舒服,不管他采用何种方式,你都要立即告诉你所信赖的成年人,不要闭口不谈,因为这不公平,也不安全。

想要了解更多关于这部分内容的信息,请查阅书后"资源介绍"部分。

如何应对更衣室尴尬

如果你要去游泳、野营、参加体育活动，或者是上学校的体育课，你可能需要在公共更衣室里换衣服，有时候这里没有任何隔断能保护你的隐私。遇到这种情况，你仍然可以设法保护自己的隐私，并处理好自己在公共场所换衣服的紧张情绪。

首先，不要慌张。如果你感到有点尴尬，请记住，没有人会盯着你看。可能你觉得自己像被当众展示一样，但实际上，大家都在做自己的事情。其次，你可以采用快速简便的换衣方法。把你要换的衣服或泳衣摆放好，方便拿取。先不要脱掉上衣，这样能让下身有一定的遮挡，你可以趁这个时候换短裤或裤子。弯下腰，或者你可以选择背对着人群。然后，再换上半身的衣服，记得把要换的衣服放在随手能拿到的地方。

如果你在一个没有太多隐私的地方洗澡，可以准备一块毛巾放在手边，以便快进快出。背对着人站可能会有帮助，需要的话，还可以用手遮着点。眼睛向看下，如果这样能让你感觉更舒服。不要说话吸引太多人注意，表现得自然一点。洗完澡，换好衣服，你就可以走了。

同辈压力

还记得第 6 章中的健康三角吗？社交健康是健康三角的重要组成部分。管理好你的社交健康有助于调整自己的情绪，防止压力和不良情绪伤害你的身体健康。

男孩在青春期中的生理变化会有各自的节奏。同样，在社会交往方面的变化节奏也不尽相同。在青少年时期，你可能会有新的兴趣爱好，也可能不会。你可能会建立新的人际关系，会对他人心生爱慕，也可能不会。即便运动、音乐和其他爱好依然在你生活中占据重要地位，你也可能会注意到其中的细微变化。你很可能也会发现同龄人的关注点也在转移。不管你是否能够意识到，别人的变化都会引起你内心的变化。有时候，我们希望和那些"酷酷"的人保持一致，这种心理压力甚至会超过常识和理性。

你应该听说过这句话，"每个人都在做……"这句话的问题在于，它是基于感觉的。你感觉好像是"每个人都在做"，而这并非事实，感觉和事实是存在区别的。不过，糟糕的是，你却认为自己的感觉就是事实，即使事实根本不是这么回事，你可能也会一味地认为自己是唯一一个没有参与其中的人，因此，你的行为也会随之改变。如果你认为每个人都在熬夜玩网络游戏，如果你认为每个人都在抽烟或酗酒，如果你认为每个人都在发生性关系，那么这些想法就会改变你的实际选择。"害怕错过"的心理会驱使青少年做一些本可以不做的事情。与其相信任何不靠谱的感觉，不如关注事实。大多数的孩子和青少年都没有喝酒，没有使用烟草制品，也没有在网上或在约会中发生不正当的性行为。事实证明，绝对不是每个人都在这么做。

不过，好消息是，你已经掌握了应对同辈压力的技能。你可以建议朋友们做一些其他的活动，或者改变话题，或者干脆说不，来不断练习、完善你的技能。你正在经历了不起的成长，在成长历程中，要认识到这一点：任何逼你做自己不喜欢的事的人，都不是真正的朋友。真正的朋友是支持你的，真正的朋友是关心你的。

你可以通过留意周围环境来帮助自己——你在哪里以及和谁一起玩。随着时间的推移，你会知道哪些情况应该避免。有时，你只有在身处其中时才能发现这些情况。随着年龄的增长和青春期带来的各种改变，你可能会发现自己的自由时间被赋予了更大的自由度。你可能还会发现，人们对你的期望发生了变化，别人可能会对一个看起来比实际年龄要大的男孩有更多期待。你甚至可能会遭遇霸凌。

随着这些压力的积累，你可能会不知所措。这时，你可以通过先化解局势，再全身而退的办法，来保障自身安全。需要的话，你可以找一个借口，虽然听起来很好笑，但把责任推给父母确实是有帮助的。你可以试着说："我得回家了，否则我会被禁足。"或者如果有人要给你一些有害物品，而你在短时间内没法脱身，你可以说："不用了，谢谢，反正我也要早点回家。"如果你遭遇恐吓或欺凌，可以用更直接的方式尝试避免口角或肢体冲突："听着，我不想打架。我正打算离开。"你可能需要忍受羞辱，尽管这不容易做到。请保持冷静，集中精力找办法快点开溜。向一个可以随时愿意帮忙且值得信赖的成年人求助，始终是一个好办法。通过反思，你们两个可以头脑风暴一番，找到能够让你保持安全、避免进一步对抗的办法。

在社交媒体上保持安全和理智

你知道什么令人印象深刻吗？就是网络世界的飞速扩张。你知道什么让人胆战心惊吗？同样是网络世界的飞速扩张。是的，万维网和各种社交媒体，是把双刃剑，有利也有弊。像生活中的其他一些事物一样，关键在于你如何使用它。

我们已经了解到养成健康均衡的生活习惯，对青春期的生活大有裨益，如充足的营养、规律的运动、良好的睡眠，我们还应该将屏幕时间添加到这个组合中。为了让自己在青春期以及成年后始终保持身体、心理和社交健康，管理好屏幕使用时间至关重要。每天看电视、上网和打电子游戏的总时长应控制在 1～2 小时内。而社交媒体的时间控制却有点棘手，因为社会压力可能会让处于青春期的男孩觉得，社交媒体是生活中的必需品。再加上大牌公司的巧妙营销，社交媒体就变成任何发育中的大脑都无法抵挡的诱惑。

首先，你要明白，你不使用社交媒体也没关系。同上一节讲到的同辈压力一样，"别人都在使用社交媒体"只是你的感觉而已。面对面的亲近交流才是我们人类的天性，它不仅是自然的，而且对我们的社会发展来说至关重要。把网络媒体当作面对面交流的延伸，如果使用正确、得当，它可以成为一种你与朋友保持联系的有趣方式。它还可以拓展你的世界观，因为它可以把我们和来自世界各地的，兴趣相投的人联系在一起。这实在是太酷了。

不管你相信与否，社交媒体的负面效果是，它会让男孩感到自己在人际交往中没有那么受欢迎。感到被忽视是青少年社交媒体兴起带来的一大弊端。发帖和签到功能会让男孩认为自己总是错过了什么。然而，人们上传到网上的图片和视频并不总是他们真实的样子，你可以把社交媒

体上的状态看成是这些人生活中的高光时刻，他们发布的大多是生活中美好的时光和有趣的活动，而一切沉闷和平凡的东西都会被过滤掉。另外，再加上照片滤镜，你看到的东西可能和实际情况并不相符。

不管使用何种社交媒体，你都需要考虑安全问题。你在互联网上发布的内容会永远存在：被你删除的文字或照片好像完全消失了，私人浏览标签似乎也可以隐藏你的个人信息，但实际上，这些被删除的信息依然可以被追踪到。

人们几乎可以通过点击按钮、截屏，得到所有他们希望掌握的信息。不仅如此，你的手机和电脑在互联网上有一个无形的"地址"，人们可以利用这个地址找到你。告诉你这一切并不是要吓唬你，而是要让你明白真相。知识就是力量，我的朋友。

最后，关于网络安全，我还想提醒你一点：不管是在现实生活中还是在网络上，你都要问问自己："你想让世界如何看待你？你想成为谁？"接下来，你可以努力实现你的想法！发送带有性暗示的照片不仅有可能会让你后悔，而且也不安全，尤其是当你和陌生人交流的时候。而发送与性有关的图片或短信，也就是所谓的性短信（sexting），也是不可取的，它会带来一系列可怕的后果，而这些后果在很大程度上是你想要远离的。发送性短信不仅是不恰当、令人尴尬的，而且还是非法的。保持安全和理智，在屏幕前你依然是你，就像在任何其他情况下一样。请记住，网络上的你和真实的你是密不可分的。现实生活包括互联网和社交媒体，只有尊重网络世界，你才能从中受益。只要保持真诚，你的独特个性依然可以得到彰显。请选择做一个善良和尊重他人的年轻人！

奇奇怪怪的事实

你知道三角形被认为是最稳定的几何形状吗？三角形不容易发生形变，因为它的三条边受力较为均匀。我们的身体健康、心理健康和社交健康也如同一个三角形，它们同等重要，且相互依存。在生活中，这个稳定的三角形使我们从儿童时期到青少年时期能够一直保持健康、强壮。保持良好的身体、心理以及社交健康习惯，也能让我们顺利度过青少年时期，成为一个健康的成年人。

结 语

我的朋友，我们在一起的时光到这里就要结束了，而你穿越青春期海洋的航行还在进行。你可以把这本书作为航海指南，随手翻阅。时间如同身后的风，把你的航船推向正确的航道；先天的基因如同风帆，而你的健康选择如同转向舵。航行中，航船必定会遭遇阴晴不定的天气，会驶过平缓的海面，也会穿越激流。在成长和变化中，驾驭好你的生命之船！你将以全新的面貌出现在大家面前。

请记住，大海里的水无法使船沉没，除非它进入船的内部。同样，你在生活中遇到的任何困难永远无法让你沉沦，除非它们进入了你的内心。还记得我们在本书各个章节中聊过的那些变化和挑战吗？它们将成为"了不起的成长"的原动力。在青春期湍急的水流中，你会一如既往地坚韧不拔，因为那正是你的天赋。对一艘船来说，最安全的地方可能是港口，但那不是你应该待的地方。

答应我，船长，永远不会被任何挫折打垮。不管遇到任何风雨，你都会傲然挺立。你要保持自尊，准备好把正能量传递给下一任船长。

嗨，好吗？朋友！

词汇表

痤疮 acne：一种毛囊皮脂腺炎症，皮肤表面会长出疙瘩。

喉结 adam's apple：人咽喉部位的软骨突起，外壁为软骨。

青少年时期 adolescence：从青春期初始到长大成人的这段时期。

卡路里 calorie：能量单位，常常与食物联系在一起。

包皮手术 circumcision：切除覆盖阴茎头的包皮的外科手术。

同意 consent：允许某事发生。

射精 ejaculation：精液（含有精子细胞的液体）伴随有节奏的肌肉收缩被释放。射精会伴随着愉悦的感觉，称之为高潮。

环境 environment：与某项中心事物相关的周围事物。以人或人类为中心事物，其他生物和非生命物质就是人类生存的环境。

勃起 ejection：阴茎因充血而变硬、增大，并向上、向外翘起。

包皮 foreskin：覆盖在阴茎头处褶成双层的皮肤。

基因 genes：基本遗传单位，从亲生父母那里继承基因。

外生殖器 genitals：男性外生殖器包括阴茎及阴囊。

快速生长期 growth spurt：身体迅速生长发育的时期。青春期中，由于荷尔蒙的变化，男孩女孩开始进入继婴儿期后的第二个生长发育高峰期。

男性乳房发育症 gynecomastia：男性胸部乳腺不正常发育造成的增大状况。一般是荷尔蒙分泌不平衡所致。这种状况可能会发生在青春期男孩身上。

遗传 heredity：父母将性状传给子女。

荷尔蒙 hormones：促使身体发生变化的化学信使，荷尔蒙会促进男孩女孩在青春期快速生长、发育。

失眠 insomnia：经临床诊断的睡眠障碍。

黑色素 melanin：决定我们皮肤颜色的色素。

心理健康 mental health：与精神有关的健康，包括情绪、智力和生活经验。

情绪波动 mood swings：情绪高低起伏，在青春期很常见。

培养 nurture：为孩子的身体、心理和社交健康提供保障。

同辈压力 peer pressure：来自同龄人的影响。

阴茎 penis：男性外生殖器的主要器官。

身体健康 physical health：身体方面的健康，身体健康与饮食、运动、睡眠、住所，安全等相关。

脑垂体 pituitary gland：位于大脑中，是内分泌系统的主要部分，它分泌多种激素，如生长激素。

青春期 puberty：身体生长发育的一个阶段。这一阶段，生殖器官发育成熟，并具有生育能力。

剃刀灼伤 razor burn：剃须后引起皮肤刺激或毛发向皮肤内逆向生长，表现是皮肤发红、发痒、起疙瘩。

生育（繁殖）reproduction：生物体制造后代或更多同类的过程。

脊柱侧弯 scoliosis：一种常见病，人的脊柱发生侧弯。

阴囊 scrotum：包含睾丸的囊状物。

身体自检 self-check：自己给身体做检查，观察身体有无异常变化。

精液 semen：含有精子细胞的液体。

性爱 sex：两人之间亲密、赤裸的接触。

性短信 sexting：向他人发送性相关的图片或短信。

睡眠剥夺 sleep deprivation：失眠或睡眠不足。

社交健康 social health：建立良好人际关系（包括与家人、朋友和社会群体的沟通交流）的能力。

精子 sperm：携带男性 DNA 的微观细胞。

睾丸 testicles：产生精子的两个椭球形器官，位于阴茎后面的阴囊中。

睾酮 testosterone：一种激素，男性睾丸可以产生大量睾酮，睾丸对维持男性性特征和生殖器官发育具有重要作用。

梦遗 wet dreams：在睡眠中，身体可能会释放精液，即含有精子细胞的液体，就是所谓的夜间射精，也叫梦遗。

资源介绍

第 1 章　充满变化的青春期

关于青春期的一切

"All About Puberty"

网址：KidsHealth.org/en/kids/puberty.html

男孩进入青春期的首要标志

"Top Signs Boys Are In Puberty."

网址：Amaze.org/video/top-signs-boys-are-in-puberty/

第 2 章　身体的变化

身体质量指数

"Body Mass Index (BMI)"

网址：KidsHealth.org/en/kids/bmi.html

我为什么会长青春痘?

"Why Do I Get Acne?"

网址: KidsHealth.org/en/teens/acne.html

第3章　像个大人

男性乳房发育症

"Gynecomastia."

网址: KidsHealth.org/en/teens/boybrst.html

《给男孩的身体书》

Natterson, Cara. *Guy Stuff: The Body Book for Boys*. Middleton, WI: American Girl Publishing, 2017.

第4章　肚脐以下

青年促进协会

Advocates For Youth.

网址: Amaze.org/jr

《我的身体怎么啦——男孩版》

Madaras, Lynda. *The "What's Happening to My Body" Book For Boys*. New York, NY: New Market Press, 2007.

男性生殖系统

"Male Reproductive System"

网址：KidsHealth.org/en/teens/male-repro.html

性和其他问题，以及答案

Sex, Etc. Answer.

网址：SexEtc.org

做青少年该做的事情——决定权在你

Stay Teen, Power To Decide.

网址：StayTeen.org

第 5 章　给身体加点燃料

如何使用 Cronometer 应用程序记录你的营养、健身及健康数据

Cronometer: Track Your Nutrition, Fitness, & Health Data.

网址：Cronometer.com

我究竟需要多少睡眠？

"How Much Sleep Do We Really Need?"

网址: SleepFoundation.org/excessive-sleepiness/support/how-much-sleep-do-we-really-need

我的餐盘

"What Is My Plate?"

网址: ChooseMyPlate.gov/WhatIsMyPlate

你的心脏和循环系统

"Your Heart & Circulatory System."

网址: KidsHealth.org/en/kids/heart.html

第 6 章　情感及友情

性吸引和性取向

"Sexual Attraction and Orientation."

网址: KidsHealth.org/en/teens/sexual-orientation.html

同意有哪些表现

"What Consent Looks Like."

网址: RAINN.org/articles/what-is-consent

什么是同意

"What Is Consent?"

网址: LoveIsRespect.org/healthy-relationships/what-consent

第 7 章　家与其他安全港湾

青年促进协会

Advocates For Youth.

网址: Amaze.org/jr

给孩子的互联网安全贴士

"Internet Safety Tips For Kids."

网址: SafeSearchKids.com/internet-safety-tips-for-kids

"青春期"男孩的健康

"Puberty" Young Men's Health.

网址: YoungMensHealthSite.org/guides/puberty

做青少年该做的事情——决定权在你

Stay Teen, Power To Decide.

网址: StayTeen.org

我的情绪为何那么糟?
"Why Am I In Such A Bad Mood?"
网址: KidsHealth.org/en/teens /bad-mood.html

致 谢

我从没想过这辈子还会再一次在青春期的航程中乘风破浪,但青春期又一次成功地找到了我。这一次,我准备得更充分一些,既能幽默地对待这次旅程,又对它抱有敬意和尊重。我们往往急于通过成长之路,直到我们长大了,才希望一切能够重来。于我而言,写作本书就好像重走一遍青春期之路。我希望它能帮助年轻人以及他们的家人,开启有关青春期及生命的重要对话,这也是我们人生中最重要的课题之一。

当然,如果没有教育界的同仁致力于推动全面的健康计划,并为儿童和青少年提供成长中所需的各类资源,这一切都不可能发生。非常感谢本书各个章节引用文献及资料的作者。在成书过程中,我还查阅了相关机构的文献及资料,感谢你们在健康教育中发挥的引领作用。

此外,我还要感谢我的妻子莎拉对我的无尽支持;感谢家人为我指明了进入教育领域的道路；感谢我的孩子们让我用全新的视角看待这个世界；感谢学生们教会我如何保持年轻。最后，我还要感谢作为读者的你，感谢你将信任寄托于本书的字里行间。今后，你也会将自己的知识和经验传授给更年轻的一代。无论处于什么年龄，愿我们都能继续这"了不起的成长"之旅。

作者简介

斯科特·托德内姆（Scott Todnem）自 2001 年以来一直在中学教授健康教育课程，并获得 2017 年伊利诺伊州和 2019 年中西部年度健康教育教师奖。他是一位全美知名的演说家，经常旅行，讲述优秀的健康教育项目有哪些益处。他曾带领学生到州首府和首都进行教育旅行，担任学生和老师的团队建设协调员，并担任年轻人的夏令营协调员。他还是美国文化和性别多样性委员会的成员，并用他的平台来提高青少年心理健康意识和预防自杀行为。

斯科特在美国本土和海外的几个地方长大，喜欢结交各行各业的新朋友。他培养了广泛的兴趣和爱好，如运动、漫画、诗歌、朋克摇滚等。斯科特有些高大，有些敏感，有时还有点笨拙。

斯科特保持着年轻时的运动习惯，会抽时间参加篮球比赛或滑雪旅行。他曾担任过越野和田径教练，对跑步富有热情，并帮助年轻人培养积极的生活方式。斯科特对举重的兴趣使他成为社区健身领袖。

斯科特在教授健康课程时十分重视学生体验。无论是在课堂上还是在网络上，他都喜欢为学生提供能够做出创造性贡献的机会，比如励志名言、墙画和媒体制作，这些都是他每年努力的主要方向。他和他的学生共同创立了一个视频号和一个播客（podcast），这两个频道的内容都可以在 www.lifeisthefuture.com 上查找到。斯科特目前与妻子和四个孩子居住在伊利诺伊州。在家里，他喜欢阅读，收集唱片，并尽可能地多讲一些最棒的以及最糟糕的爸爸式笑话。

你可以在他的网站 LifeIsTheFuture.com 上找到更多写作内容和其他资源。

图书在版编目（CIP）数据

男孩青春期成长指南 /（美）斯科特·托德内姆
(Scott Todnem) 著；牛斐斐译. — 上海：上海社会科
学院出版社, 2022
书名原文：Growing Up Great!
ISBN 978-7-5520-3684-8

Ⅰ. ①男… Ⅱ. ①斯… ②牛… Ⅲ. ①男性—青春期
—健康教育 Ⅳ. ① G479

中国版本图书馆 CIP 数据核字（2021）第 195942 号

GROWING UP GREAT: THE ULTIMATE PUBERTY BOOK FOR BOYS
By SCOTT TODNEM
Copyright © 2019 BY ROCKRIDGE PRESS, EMERYVILLE, CALIFORNIA
This edition arranged with Callisto Media, Inc. through Big Apple Agency, Inc., Labuan, Malaysia
Simplified Chinese edition copyright © 2021 by Beijing Green Beans Book Co., Ltd.
All rights reserved.
上海市版权局著作权合同登记号：09-2021-0952

男孩青春期成长指南

著　　者：	[美] 斯科特·托德内姆 (Scott Todnem)
插　　画：	[英] 安詹·萨卡尔（Anjan Sarkar）
译　　者：	牛斐斐
责任编辑：	杜颖颖
特约编辑：	贺　天
封面设计：	page11
出版发行：	上海社会科学院出版社
	上海顺昌路 622 号　　邮编 200025
	电话总机 021 63315947　　销售热线 021 53063735
	http://www.sassp.cn　　E-mail:sassp@sassp.cn
印　　刷：	北京彩和坊印刷有限公司
开　　本：	889 毫米 ×1194 毫米　1/32
印　　张：	5.25
字　　数：	90 千
版　　次：	2022 年 1 月第 1 版　2022 年 1 月第 1 次印刷

ISBN 978-7-5520-3684-8/G·1126　　　　　　　　　　　定价：49.80 元

版权所有　翻印必究